그래도, 직장

그래도, 직장

초판 1쇄 인쇄일 2022년 04월 25일
초판 1쇄 발행일 2022년 05월 09일

지은이 권용덕
펴낸이 양옥매
디자인 표지혜
교 정 조준경

펴낸곳 도서출판 책과나무
출판등록 제2012-000376
주소 서울특별시 마포구 방울내로 79 이노빌딩 302호
대표전화 02.372.1537 **팩스** 02.372.1538
이메일 booknamu2007@naver.com
홈페이지 www.booknamu.com
ISBN 979-11-6752-146-0 (03320)

확실하고 후회 없는
정년퇴직 계획서

그래도, 직장

★ 권용덕 지음 ★

책나무

식품회사에 입사해서 한 직장만 34년 넘게 근무 중이다. 식품에는 유통기한이란 것이 있다. 유통기한까지는 시장에서 보장받지만, 유통기한이 지나면 절대로 유통해서는 안 된다. 기업에 입사한 직원도 취업규칙, 단체협약 등에 의해서 유통기한이 정해져 있다. 그런 것이 없다면 근로자에게 최소 법인 근로기준법이 있다.

아마도 정년퇴직이 유통기한이라고 생각할 수 있지만, 현실은 녹록하지 않다. 즉 유통기한이 무의미한 것이다. 기업에서 노동자가 유통기한까지 버티기란 쉽지 않다. 세상은 빠르게 변하고 있는데, 그것을 쫓아가는 게 힘들고 버겁다. 기업에서는 나이 먹었다고, 연식이 오래됐다고 명예퇴직, 권고사직 등을 운운한다. 말이 좋아 명예퇴직이지, 한마디로 쫓겨나는 것이다.

기업이 정한 유통기한까지 다닌다고 하면 다행이고 행운이라 할지 모르겠지만, 그것으로 만족해선 안 된다. 우리의 수명이 나도 모르는 사이에 너무나 길어졌기 때문이다. 힘들게 정년퇴직한 후 조직 밖에 나와서 평균수명까지 남은 이삼십 년을 어떻게 보낼 것인가. 명예퇴직이나 권고사직을 당하면 더 긴 세월을 차가운 광야에서 홀로 서 있어야 할지도 모른다. 지금부터라도 생존하기 위해서는 준비와 노력이 반드시 필요하다. 늦지 않았다. 지금이라도 준비하면 안 하는 것보다 백배 천배 낫다.

필자는 책을 읽고 글을 쓰고 싶어서 아주 오래전에 한국방송통신대학교에 편입하여 공부한 적이 있었다. 핑계 같지만, 그 당시는 휴가 좀 내겠다고 하면 상사는 '일이 없나 봐?' 하고 비아냥대기 일쑤였다. 상사의 따가운 눈초리와 업무 때문에 출석 수업에 참석하지 못할 만큼 어렵고 힘든 시절이었다. 현재는 주 40시간 근무로 얼마나 많이 사무 환경이 좋아졌는가.

그렇게 어렵게 직장 생활하면서 온 사람들인데 이제는 나이가 많다고 떠날 준비할 시간도 주지 않고, 무언의 압박을 가한다. 이제부터라도 좋아하는 것에 목숨 걸어 보자. 그래야 직장에서 유통기한을 다하든, 말이 좋아 명예퇴직이든 권고사직을 당해도 당당하게 좋아하는 일을 하면 된다. 그것도 직장을 다닐 때 준비해야 됨은 물론이다.

필자는 박사 학위가 있음에도 불구하고 코로나19로 인하여 만남도 줄고, 전에 졸업하지 못한 방송대에 재입학하여 문학사를 취득하는 데 필요한 학점을 이수하기 위해 공부에 매진한 결과 결국 졸업했다. 최종 학력이 어렵게 졸업한 방송대라는 것이 자랑스럽다. 지금이라도 좋아하는 것을 하니 기쁘다. 다른 사람 눈치 보지 말고, 좋아하는 것, 이제 당장 해 보자. 지금 시작하면 된다. 세상에서 제일 높다는 에베레스트 정상도 올라가려면 아래서부터 한 발 한 발 걷는 길밖에는 없다.

직장 밖 세상이 살벌하고 힘들다고 하지만, 이렇게 준비한다면 그래도 살 만한 곳이라고 느껴질 것이다. 시간이 별로 남아 있지 않다. 직장에서 끝까지 살아남을 생각은 절대로 하지 마라. 당당하게 마무리하는 것이 중요하다. 자기 계발을 통해 전문가가 되어, 직장 밖에서도 계속 직업을 가져 보자.

2부 관계, 끝까지 지켜야 할 것은

3부 직장 밖, 더 큰 세상을 향해

1부

직장 생존,
영광의 졸업까지

치사하다고 퇴직하겠다며 은퇴 후 살아가는 법을 생각하는 것
보다 지금 살아남는 법이 더 중요하다. 현 직장을 떠나면 특별
한 노하우가 없는 이상 직장을 구하기도 쉽지 않다. 게다가 어
렵게 직업을 구했다고 해도 노동의 질이 떨어질 뿐만 아니라
임금도 많이 줄어드는 것이 현실이다. 그런 미래가 당신에게
도 곧 온다.

이생망, 다음 생을
기약하는 당신에게

'오늘 하루는 어떻게 보내셨습니까? 직장에 출근해서 퇴근까지,
전쟁이지 않습니까?'

몸도 쉽게 움직이지 못하는 지옥철을 타고 하는 출근길. 때로는
버스로 또는 자가용을 타고 앉아서 출근을 해도 꽉 막힌 도로. 아침
을 먹는 둥 마는 둥 그렇게 일이 있는 직장으로 늦지 않으려고 정신
없이 간다. 출근하면 녹초가 되지만 그래도 일터가 있어 좋다. 그런
일터가 침묵의 전쟁터이지만. 직원들은 성과를 내면서 열심히 일을
한다. 이런저런 이유로 진급이 안 돼 만년 대리, 과장이라 해도 맡은
일에 열정적이지 않는가. 인공지능이 우리의 일자리를 위협한다고

14

하지만 그래도 결국 일은 사람이 한다.

누구보다 열심히 일해 왔는데 회사는 조그마한 실수를 해도 격려보다는 질타, 징계, 불이익을 줄 생각들을 하고 있다. 무한 경쟁시대이기 때문이다. 인간미가 사라진 지 이미 오래다. 문제는 현장에 답이 있는데, 직책자들은 실무진에게 협의하기보다는 자기들끼리 미리 결론을 내린다. 경영은 전쟁이기에 나쁜 소식을 먼저 듣고 좋은 소식은 늦게 들어야 기업이 바로 서는 것인데, 진솔한 이야기를 때로는 기분이 상한다는 이유로 듣지 않으려고 한다.

직원 만족이 고객 만족에 막대한 영향을 미친다. 내부 고객이 우선이고 그다음이 외부 고객이다. 시대가 변해도, 인공지능 시대라고 해도 기업의 핵심은 사람이며 절대로 기술이 우선일 수 없다. 그만큼 사람이 중요하다. 그럼에도 불구하고 씁쓸한 것은 왜일까.

'이생망'이라는 말이 있다. '이번 생은 망했다.'라는 뜻이다. 철학자 니체는 다음 생을 기약한다면 이렇게 말했다.

"내세에서의 행복 따위는 기대하지 말고 지금 이 순간에 생명의 불씨를 최대한 지피며 살라."

죽지 못해 살고 있다는 생각을 버리자. 삶은 보이는 대로 가치 있고 중요한 것이다. 지금 이 순간, 다시 뛰자. 살아 있다면 희망이 있는 것이고 가능성은 있다. 직장이 전부가 아니다. 인생의 가장 젊은 날은 바로 오늘이다. 평생직장이라는 기업문화도 사라진 지 오래됐다. 이제 직장이 중요한 것이 아니라 직업이 중요한 시대가 왔다. 개인이 어떻게 대응해야 조직에 살아남을 것인가.

누구보다 열심히 일해 왔는데 현실은 녹록하지 않다. 미래 생존법을 준비하면서 자신을 알고 조직을 건강하게 비판하는 능력을 키웠어야 하는데, 생존에 목매고 있으니 답답하다. 삶을 향상시키는 것은 고용의 안정성이다. 그래야 창의력도 생긴다.

창의력을 높여 4차 산업혁명시대의 필요한 리더가 되면 멋질 것이다. 바야흐로 데이터의 시대다. 빅데이터 속 정보와 흐름을 읽고 의미하는 바를 정확히 이해해야 되며, 창업가 정신을 가져야 무엇을 하든 성공하는 것이다. 그 방법을 일찍 알아 실천한다면 성과도 나오고 조직에서의 생존 가능성도 커질 것이다.

그렇지만 결코 그런 일이 쉽지만은 않다. 이것저것 생각하면 스트레스가 몰려온다. 기분 전환차 동료들과 때로는 술 한잔하면서 소통도 하고 공감해 보지만, 베이비부머 세대가 아니더라도 벌써 조직에

그래도, 직장

서 먼저 떠난 사람들도 많다. 본인의 의사와는 별개로 말이다. 생각을 바꿔 보자. 일단, 성취감을 높여야 한다.

이를 위해 운동을 해 보자. 헬스장에 등록하고 근력, 유산소 운동을 하는 것이다. 땀을 흘려 보고 약간의 숨이 참을 느껴 보자. 건강해야 되고, 살아 있는 한 무엇이든지 할 수 있기 때문이다. 만약 운동하는 것이 힘들다면 가볍게 산책하자. 퇴근 후 귀가 시 버스나 전철 한 정거장 전에서 내려 걸어 보자.

그것도 힘들다면 엘리베이터를 이용하지 말고 계단으로 올라가 보자. 회사에서도 계단을 이용해 사무실로 가자. 한 발 한 발 천천히 계단을 오르면 된다. 물론 사장님의 호출 등 급한 보고가 있다면 엘리베이터를 이용해야겠지만, 그렇지 않으면 계단을 이용해 걸어서 가자.

작은 운동에 큰 힘이 생긴다. 성취감을 높여 준다. 조금씩 운동하는 습관이 중요하다. 가장 중요한 건 무엇을 하든 건강이 핵심이라는 점이다. 건강을 유지하면서 직장에서 꾸준히 준비하면 당당해질 수 있다.

변화를 이끄는
긍정의 힘

사무실 책상 위에 탁상용 거울을 놓았다. 업무를 하면서 매 순간 거울을 쳐다본다. 소비자와 전화 통화를 하면서 지금 하고 있는 업무를 잘하고 있는 것인가 하고 거울을 통한 표정을 보면서 스스로를 확인해 본다. 어떤 일이든 매 순간마다 최선을 다해야 하고 실적을 내야 한다. 기업 발전의 원동력은 사람이라고 하지 않던가.

기업은 혁신과 변화를 부르짖고 있다. 변화를 이끄는 것은 질타가 아니라 긍정적인 사고이다. 기업은 생존하기 위하여 혁신하고 변화를 하고 있으니, 아무 생각 없이 직장에서 버티기란 너무 어렵다. 그곳에서 살아남기 위해 실력을 쌓고, 성격을 조금만 고쳐 보자. 성격

18

이 긍정적으로 바뀌면 주변 동료뿐만 아니라 집안 식구들 모두에게 환영받을 수 있다. 그만큼 긍정의 힘이 큰 것이다.

평생 일해야 하는 시대가 도래됐다. 가정과 직장 그리고 사회에 도움이 되는 일을 생각하고 실천해야 한다. 인생 한 것도 별로 없이 나이만 먹어 가다가는 정년도 쉽지 않다. 현재 상태를 벗어나 과감하게 무엇이든 해 보아야 한다. 그중에서도 혁신의 핵심은 제일 먼저 사람이다. 긍정의 마음으로 지금 시작해 보자.

난 참 괜찮은 사람이라고 긍정하자. 편견을 갖고 소통이 잘 되지 않는 상사가 있더라도 나 자신은 편견을 버려야 한다. 세상을 살 만한 곳으로 생각하다 보면 날 우습게 아는 상사가 있어도, 명예퇴직을 강요하는 사람이 있어도 용서가 된다. 남에게 해가 되게 해서 이익을 얻으면, 지금 당장은 좋을지 모르겠지만 언젠가 곱으로 받는다는 사실을 기억하자.

기업도 생존이 쉽지 않다. 쉬운 것은 하나도 없다. 세상은 빠르게 변화하고 있고, 그것을 따라가기란 결코 쉽지 않다. 그러나 앉아서 걱정만 한다고 해결되겠는가. 실행이 답이다. 지금 실천해 보자. 이제 자신이 하고 싶은 일을 해야 후회 없고 즐기면서 살 수 있다. 잘될 거라는 것을 느끼면, 잘된다. 더불어 성취감도 느낄 수 있다.

모든 것은 변화한다. 변화하지 않으면 자신이 뒤처져서 조직에서 살아남기 쉽지 않다. 나중에 변화를 되돌아보면 별거 아닐 수 있다. 좀 더 빨리 시작했더라면 좋았을걸 하고 후회할지도 모른다. 지금 당장 시작하자. 처음 시작하기가 어려울지 모르지만, 한번 하고 나면 그리 어렵지 않다. 그리고 결과는 반드시 좋아진다. 긍정의 힘으로 자신을 변화시키자. 그렇게 가까운 미래를 조금씩 대비하면 되는 거다. 찰스다윈의 말을 인용하고 싶다.

"결국 살아남은 것은 강한 종도 아니다. 종족에 살아남는 것은 변화에 가장 잘 적응한 종이다."

부정적인 생각들, 불평에 대해서 지금 당장 멈춰야 한다. 현실을 받아들이면서 조금만 결심하면 된다. 꿈을 포기하지 말자. 그렇게 포기하지 않으면 어느새 꿈은 현실이 되어 간다. 이를 이루기 위해서는 간절함이 있어야 한다.

우리 인생의 최고의 순간은 아직 오지 않았다. 지금 천천히 준비하면 된다. 그날은 반드시 온다. 인내심을 갖고 조금씩 조금씩 준비하면 된다. 꿈을 키우는 공부는 재미있다. 지금 힘들고 어려움이 닥쳐도 미래를 생각하고 준비한다면 어떠한 시련도 참을 수 있을 것이다.

고정관념을 넘어야 획기적인 변화가 가능하다. 연말만 되면 성과주의를 바탕으로 세대교체 인사로 50대를 최고 경영자(CEO)에 배치하고 40대를 상무로 발탁하는 기업들이 많이 늘고 있다. 인생은 백세시대인데 점점 젊은 임원들을 만난다. 그렇게 기업은 변화해 가고 있다.

그럴 때일수록 정년까지 멋지게 근무하려면 일하는 방법도 바꿔 보고 문제의식도 갖고 긍정적으로 생각해야 한다. 자신을 주변 사람에게도 멋지게 보여 주자. 옷차림을 젊게 입어 보는 건 어떨까? 그런 것이 경쟁력이다. 일이 곧 건강이다. 정년퇴직을 넘어 계속해서 일해 노동시장에서 살아남으려면 계획보다는 실천이 중요하고, 그 실천에 긍정적인 마음가짐이 큰 힘을 발휘할 것이다.

리모컨 대신
손에 쥐어야 할 것은

성공한 분들에게 물어보면 독서를 열심히 했다고 한다. 독서가 생활이라고 한다. 생각을 바꿔 그럼 성공하기 위해서 독서만 하면 될까? 물론 그럴 수 없지만, 독서를 잘하면 성공할 수 있는 확률이 높아진다는 사실은 부인할 수 없다.

모든 것이 빠르게 지나간다. 하루 종일 바쁘게 업무를 했음에도 불구하고 지친 몸으로 집에 들어가 생각해 보면 바쁘기는 많이 바빴는데 성과는 크게 없다. 아마 내일도 그럴지 모른다. 그런 생각이 들면 퇴근 후 곧바로 대형서점에 가 보자. 문학, 경제, 경영 등 베스트셀러의 다양한 목록으로 책들이 정리되어 있는 것을 볼 수 있다. 또한 장르별로 잘 진열되어 있는 책장들 사이에서 관심 있는 분야 앞에 멈춘다. 그렇게 한참 동안 이 책 저 책 펼쳐 본다. 관련 서적이 많음에 놀란다.

독서가 성공을 보장하는 것은 아니지만, 그럼에도 불구하고 독서는 마음의 양식이라고 하지 않던가. 책 읽기 싫으면 책 제목과 서문만 읽어도 지식이 생기는 것을 느낀다. 휴식 중일 때 나도 모르게 시선이 책장을 바라보고, 손이 책으로 간다. 낮은 목소리로 나지막하게 읽어 보면 내용이 내 귓가에 들려온다. 정말로 평안하다.

회사에서 너무나 바빠 발을 동동 구르면서 일했음에도 불구하고 성과도 많이 내지 못했지만, 책장에 꽂혀 있는 좋아하는 서적을 보고 있으면 마음은 이미 부자 됨을 느낄 것이다. 시작이 반이라고 한다. 지금 당장 서점에 가 보자. 머지않아 곧 전문가가 될 것이다. 오늘부터 한 걸음 나아가면 된다. 서점에 가는 것만으로도 당신에겐 이미 희망이 보인다.

오늘도 일터에서 전쟁 같은 하루를 빡세게 보냈다. 상사의 질책과 부하의 보이지 않는 눈총으로 중간에 끼여 힘들게 한 주를 보냈다. 오늘만 무사히 보내면 내일부터 즐거운 주말로 이틀을 쉰다. 생각만 해도 너무나 즐겁다. 월급쟁이의 기쁨임에 틀림없다. 주말을 보내는 방법은 다양하다. 회사에서 엄청 고생했으니, 집에서 쉬자고 하는 사람, 한 주 동안 쌓인 스트레스라도 풀자고 밖에 나가서 놀자는 사람. 가족과 영화도 보고 책방도 가 보고 외식도 하고 마트도 간다.

어떻게 주말을 보낼 것인가. 전부 자신의 의지에 달려 있다. 그런데 만일 주말을 집에서 쉰다면 무엇을 하면서 집에서 휴식을 취하겠는가. 아마도 소파에서 혹은 거실 바닥에서 빈둥거리면서 손에 리모컨 하나 들고 텔레비전을 보기 십상이다. 채널도 많고, 콘텐츠도 다양하다. 채널을 돌려 가면서 조금씩 시청만 해도 처음 시작한 채널로 돌아오는 데 족히 몇 시간은 그냥 간다. 볼만한 프로그램이 있다고 하면 하루해가 짧다. 과연 피곤이 풀릴까.

가족들이 다른 프로그램을 보겠다고 항의라도 하면 더 피곤해진다. 거실에서 조용히 리모컨을 내려놓고 다른 방에서 본격적으로 텔레비전 시청을 시작한다. 별로 즐겁지도 않고 피곤도 더 쌓일 뿐이다. 리모컨 놀이가 재미없으면 휴대폰으로 옮겨 간다. 그것도 지루하면 넷플릭스를 본다. 그렇게 주말 이틀은 근무할 때보다 더 빨리 시간이 간다.

사무실에서 한 주일 고생했다면, 주말 이틀은 밖에 나가서 놀자. '멋지게 놀자!' 하고 행동으로 옮긴다. 가까운 곳으로 등산도 가 보고

그래도, 직장

공원, 고궁, 박물관 등을 가족과 함께 간다. 집에서 떠날 때 목적지까지 무엇을 이용하여 갔으며 거리는 얼마나 되고 입장료, 방문지의 유례 등은 무엇인지 반드시 기록하자. 틈틈이 사진도 찍어서 넣는다. 그런 기록들이 모이면 재미있고 보람차다. 소소한 기록들을 책으로 엮어 출판할 수도 있다.

또 다른 방법은 주말에 도서관에서 놀아 보는 것이다. 도서관에는 다양한 서적이 있다. 책 속에 미래가 있다고 하지 않던가. 보고 싶은 책을 누구의 간섭도 없이 볼 수 있다. 주말에 큰 결단을 내려야 한다. 아이들과 함께 가면 더욱 좋다. 도서관에 가면 정기간행물실도 있고, 열람실, 컴퓨터실 등 다양하다. 시설도 참 좋다. 집 근처에는 공공도서관이 어디 있는지, 회사 근처에는 도서관이 어디 있는지 확인해 두자. 퇴근 후에도 이용할 수 있다. 지금부터 하고 싶었던 것을 도서관에 가서 실천해 보자.

대부분의 직장에선 이제는 정년퇴직이 쉽지 않다. 그럼에도 불구하고 정년퇴직을 할 수 있는 사람, 즉 졸업할 수 있는 사람은 최소한 매달 한 번쯤 도서관에 가는 사람이다. 책을 읽는다면, 자기 계발을 통해 당당하게 무시당하지 않으면서 반드시 졸업할 수 있을 것이다. 지금 당장 도서관에 가서 회원증을 만들어 보자. 조그마한 시작이 한 걸음 앞으로 나가는 발판이 되어 줄 것이다.

열심히 해 봐야
개뿔이다?

지금 필요한 것은 무엇인가? 생각하는 바를 당장 하는 것이다. 전부 아는 이야긴데 실천하기란 쉽지 않다. 하루하루를 힘들게 생활하고 있기 때문이다. 힘든 나날을 벗어나려면 지금 생각한 것을 당장 실천해야 한다. 그간 하루하루 어렵게 월급쟁이 생활을 해 오면서, 자기 계발의 중요성을 가슴으로 이해하지 못하고 힘들다는 이유 하나만으로 그저 놀고 싶고, 쉬고 싶다는 생각에 나태하게 생활했다.

힘들어도 부정적인 생각을 버리고 지금 당장 시작하면 된다. 살아 있으면 희망이 있는 것이며, 긍정적인 생각이 밝은 빛이며 우리의 삶을 한층 풍요롭게 해 준다. 웃음을 잃지 않고, '잘될 거야.' 생각하면

그래도, 직장

마음도 안정된다. 불평불만을 이야기하기 전에 먼저 적극적으로 긍정적으로 업무를 해 보자.

'난 안 돼!' 하는 패배정신에서 벗어나 보자. 우울해하거나 남을 원망하고 싫어하지 말자. 부정적인 생각을 버리고 지금 새롭게 긍정적인 마음으로 당장 시작하면 된다. 부지런히 정진하고 노력하면 바뀐다. 멈춰 있지 말고 움직여야 한다. 자기 스스로에게 감동을 줄 만한 서비스를 끊임없이 주자.

'나를 왜 몰라주지? 왜 진심이 통하지 않는 거지?'

한탄만 할 것이 아니다. 관계는 서로 주고받는 것이니까. 지위를 이용하여 부하 직원을 무시하거나 권력이 있으니 잘나가는 것처럼 보일지 모르지만, 언젠가는 조직을 떠나는 순간 별거 아니었다는 사실을 알게 된다. 사람의 마음을 얻는 일이 중요하고, 직장에서 인간관계가 제일이었음을 알아야 한다.

이론적으론 가장 나쁜 소식은 먼저 알리고 좋은 소식은 늦게 보고해도 된다고 한다. 그러나 일부 윗사람은 나쁜 소식은 듣기 싫어한다. 타인의 충고를 받아들이면 한 단계 더 성장한다고 하는데, 누구나 아는 이야기지만 실천은 쉽지 않다. 이런 조직에서 살아남기 위해서는 전문가가 되는 방법밖에는 없다.

본인 업무에 최고가 되어야 당당하게 말할 수 있고, 대우받을 수 있는 것이다. 열심히 일만 한다고 대우받는 것은 아니다. 말로만 지시하고 뭐든지 안다고 생각하는 윗사람이 되면 본인이 가장 똑똑하다고 여기는 순간, 조직은 서서히 망가져 간다. 독선이 얼마나 무서운지 알 거다. 한 발자국 물러나 생각해 보자.

그렇게 세월은 가는 것이다. 세월에는 장사가 없다고 하지 않던가. 노력과 열의를 보일 때 인생은 빛나는 것이다. 과거에 못한 것을 더 늦기 전에 지금 시작해 보자. 나이가 먹어 육신이 늙어 간다고 꿈이 없어지는 것은 아니다. 지금 필요한 일은 지금 당장 시작하자. 이왕이면 조직에 몸담고 있을 때 해야 한다. 특별한 야망이 없더라도 인생에게 미안함을 보여선 안 되지 않겠는가.

성공하지 못해도 된다. 누구와도 경쟁할 필요도 없고 홀로 꾸준히 독서하고 학습하면서 미래를 향해 도전하는 자세가 중요하다. 할 수 있다고 머릿속에 최면을 걸어 보자. 일희일비하지 않고 한 걸음 한 걸음 앞으로 걸어가자. '열심히 해 봐야 돌아오는 것은 개뿔이다.'라는 부정적인 생각을 버릴 때, 단 하나밖에 없는 인생은 멋진 방향으로 나아간다.

사오정? 오륙도?
그럼에도 불구하고

백세시대라고 한다. 어떤 학자는 그보다 더 오래 살 것이라고 예측한다. 정말로 큰일이다. 준비된 분들은 축복이라고 하겠지만 우물쭈물하다가 나이만 먹어 간다. 당당하게 일해야 하나 현실은 그렇지 못하다. 45세 정년이란 뜻의 '사오정'이나 56세까지 직장에 다니면 도둑놈이라는 뜻의 '오륙도'라는 낱말들이 어색하지 않다.

열심히 일한 노동의 대가로 급여를 받는다. 그것으로 생활을 하고, 부모님께는 작은 용돈이지만 꾸준히 보내 드림으로써 효도를 할 수 있다. 그리고 국가에 세금도 낸다. 좋은 일이다. 절대로 직장에서 쫓겨나서는 안 된다. 매달 원천징수를 하는 것은 국민의 의무를 다하는 것이다. 세금을 탈세하지 않고 낼 수 있다는 것이 얼마나 자랑스러운 일인가. 유리지갑이라고 하지만 매달 월급을 받기 전에 공제되는 세금을 내는 것은 멋지다.

직장에서 쫓겨나지 않아야 애국도 하고 작은 효도도 할 수 있으며, 빈곤으로 추락하지 않을 수 있는 것이다. 소득이 줄거나 없어지면 빈곤으로 떨어지는 것은 시간문제다. 가정도 어려워진다. 어떻게 하면 근무하는 곳에서 생존할 수 있는지, 도대체 뭘 해야 멋지게 정년퇴직하고 그 후 조직에서 배운 것들을 잘 활용하여 제2의 인생을 꾸려 나갈 수 있는지를 고민해야 하는 이유이다.

현실은 퇴직한 사람들이 재취업하는 일자리는 노동의 질이 별로 좋지 못하다. 직장도 호락호락하지 않다. 더 이상 평생 고용이니, 평생직장이니 하는 단어는 사라졌고 오히려 사치일지도 모른다. 그렇게 세상은 크게 변하고 있는데 왜 혁신하지 못하고 조직에 눌려 힘들게 생활할까? 자업자득이다.

'과거로 돌아가 빡세게 공부하여 좋은 직장 들어가고 멋진 사회생활을 했다면 지금과 다르겠지?'

이렇게 생각할지도 모르겠으나 후회해도 결코 그 시절로 돌아갈 수 없다. 아니, 과거로 돌아가기 싫다. 일류 대학 나오면 그 간판으로 과거에는 10년, 20년 직장을 쉽게 다녔을지 모르겠지만 지금과 같이 4차 산업혁명, 사물인터넷, 빅 데이터 등 다양성을 보이는 현실에서는 그 누구도 지속적인 자기 계발 없이는 조직에서 생존하기란 불가능하다.

베이비부머 세대는 그들의 아버지 세대와는 전적으로 다르다. 젊은 시절 아버지를 전혀 이해하지 못하고 때로는 아버지처럼은 살지 않겠다고 다짐해 보았으나, 사실 아버지는 가족과 더불어 살아가기 위해 늘 성실하게 일하셨다. 아침 일찍 출근하여 저녁 늦게까지 일하는 것은 아버지 세대와 똑같다고 생각한다.

아버지를 추억해 보면, 대중교통을 이용해 퇴근하시면서 현관문 앞에서 초인종을 누르시면 가족이 문을 열어 드린다. 월급날 전기구이 통닭도 사 오시곤 했으므로 우리 가족들은 그날이 기다려진다. 그런 모습이 정겹다. 우리의 부모님은 성실히 일하면서 재직 중에 자식들을 결혼시키고 멋있게 정년퇴직도 하셨다. 그렇게 정년퇴직하신 아버지의 연세가 지금 필자의 나이보다 젊다.

그 당시는 평균수명도 길지 않아 조부모님은 아버지가 정년퇴직하기 전에 이 땅을 떠나셨고, 많은 금액은 아니지만 퇴직금도 받으시고 현직에 계실 때 구입한 작은 집에서 가족들과 함께 큰 걱정 없이 생활했다. 아버지처럼 살지 않겠다고 다짐하고 앞만 보며 열심히 생활했지만, 이제는 월급쟁이가 정년도 쉽지 않은 데다 IMF를 겪으며 많지 않은 퇴직금도 정산하면서 퇴직금 누진제도 없어졌다. 기업이 어려워서 어쩔 수 없다는 것이 그 당시 사회적 분위기였다.

정년퇴직을 할 수 있을까? 필자는 현재 한 직장을 34년 넘게 근무하고 있다. 아마도 필자의 책이 출판될 쯤 유종의 미는 거두었을 거라고 생각한다. 스스로 위기도 많았지만 잘 이겨 냈다고 위안을 갖는다. 변화하고 또 변화해도 나이 많음이 경험이 아니라 짐이 되어 가는 것처럼, 정년퇴직하는 사람을 쉽게 볼 수 없는 시대가 됐다. 명예퇴직 등으로 몰아세우는 그들도 곧 나이를 먹어 간다. 누구든지 세월에는 장사가 없는 것이다.

치사하다고 퇴직하겠다며 은퇴 후 살아가는 법을 생각하는 것보다 지금 살아남는 법이 더 중요하다. 현 직장을 떠나면 특별한 노하우가 없는 이상 직장을 구하기도 쉽지 않다. 게다가 어렵게 직업을 구했다고 해도 노동의 질이 떨어질 뿐만 아니라 임금도 많이 줄어드는 것이 현실이다. 그런 미래가 당신에게도 곧 온다.

그래도, 직장

직장에서 살아남는
네 가지 방법

변명 같지만 베이비부머 세대는 입사 후 평생직장이다 생각하며 다니고 있다. 필자가 34년 전 입사 당시 회사는 어렵다고 했다. 마른 수건도 다시 짜 보자며 근검절약을 강조했다. 그럼에도 불구하고, 당시 선배들은 정년퇴직하는 데 어려움이 없었다. 필자가 입사 후 34년이 지나 정년퇴직할 때까지도 회사는 어렵다 한다. 직장 생활 평생 동안 그런 소릴 들어왔다. 양치기 소년이 될까 봐 걱정이다.

세계 글로벌 기업으로 성장하려고 해외에도 많이 진출했는데 아직도 허리끈을 매자고 한다. 기업은 언제 어떻게 될지 모르기 때문이란다. 100년 기업도 쉽지 않지만, 복병을 만나면 한순간에 무너질 수도 있기 때문이다. 한 단계 더 올라가려면 변화를 예측하고 준비해야 된다는 것을 이해한다.

그럼에도 불구하고 근무 기간이 길다고, 나이가 많다고, 즉 연식이 오래된 직원에게 명예퇴직, 권고사직을 강요하는 것은 충성 고객을 잃어버리는 것이다. 그들이 얼마나 뜨거운 가슴으로 조직을 지탱하고 사랑했는지는 기업 성장 지표만 봐도 알 수 있다. 세월은 너무나 빨리 흘러간다. 정년제도가 있음에도 불구하고 졸업하는 동료들은 점점 줄고 있다.

코로나19 때문에 스펙이 좋은 젊은이도 입사가 힘들다고 하지만, 한 직장에서 오랫동안 열과 성을 다하여 기업 발전에 기여했어도 졸업 또한 쉽지 않은 것이 현실이다. 그렇다면 어떻게 하면 직장에서 살아남을 수 있을까?

첫째, 자기 계발에 정성을 다하자. 관련 업무 서적에 대한 학습은 물론이거니와 인문학적 사고를 높여야 한다. 그리고 업무 매뉴얼을 정확히 이해해야 한다. 더불어 매뉴얼이 지속적으로 개선될 수 있도록 해야 한다. 또한, 적극적으로 국가자격증 공부도 병행해야 한다.

둘째, 대한민국 사람이지만 세계 시민으로 살아간다는 생각으로,

우리 기업이 다른 나라에 진출해 있는 나라의 언어를 배우자. 또한 그 나라 문화를 익히는 것은 언어보다 더 중요할 때가 많으므로 문화를 이해하려는 노력도 필요하다.

셋째, 부정적인 생각을 버리자. 될 수 있으면 긍정적인 마음으로 잘될 거라는 생각을 가져 보자. 우리가 하는 일은 의외로 생각하는 대로 되는 경우가 많다. 오히려 부정적으로 아닐 거라 생각하면 정말로 안 되는 경우가 더 많다.

넷째, 운동하자. 체력이 있어야 참고 견딜 수도 있고, 또한 추진력도 생기는 것이다.

회사를 멋지게
졸업하는 조건

    기업에서 임원은 조직의 꽃이다. 그만큼 중요하다는 의미이다. 임원은 사원과 전적으로 다르다. 경영을 책임지고 있는 것뿐만 아니라 맡고 있는 분야의 무한 책임을 지기 때문이다. 또한 리더십도 발휘해야 한다. 프로 리더로 보여야 할 뿐만 아니라 카리스마, 경청, 서번트 등 다양한 리더십을 보여야 함은 물론이다. 그만큼 힘든 자리임에 틀림없다.

    사실 임원은 언제 어떻게 조직을 떠날지 모른다. 그래서 직원들보다 더 많은 혜택을 주는 것이다. 임원이 선택되기까지 젊어서부터 많은 준비를 꾸준히 해 왔음을 알아야 한다. 임원이 됐다고 갑자기 어

그래도, 직장

학 실력이 뛰어나지는 것이 아니라, 오랫동안 하나하나 준비한 것이 임원이 되어서 발휘되는 것이다. 될성부른 나무는 떡잎부터 안다고 하지 않던가. 어학 실력도 전문적인 지식도 사원 시절부터 꾸준히 반복 학습과 독서 습관으로 몸에 밴 것이다.

언젠가 지인에게서 들은 말이다. 신입 사원 연수에 가서 임원과의 대화 시간에 임원이 신입 사원에 물어보았다고 한다.

"회사 일을 하면서 자기 계발로 뭐 하고 싶습니까?"

그러면 대부분 영어 공부 또는 다른 언어 공부를 충실히 하겠다고 대답했다고 한다. 그로부터 몇 년이 지난 후, 그 당시 교육을 받은 직원에게 물어보았다고 한다.

"영어 실력이 좋아졌습니까?"

그랬더니 다양한 핑계를 댔다고 한다.

"일이 많아서, 늦게 퇴근하다 보니, 너무 피곤해서요."
"친구들과 술도 마셔야 되고, 애인과 데이트도 하다 보니 어렵네요."

그래도 과거에는 회사에 입사해서 큰 잘못만 없고, 의원사직을 하지 않는 한 많은 선배들은 정년퇴직을 해 왔다. 즉, 조직에서 은퇴하는 정년퇴직 날짜를 알고 있으니 떠나도 충격이 덜했다. 그러나 지금은 세상이 많이 달라졌다.

4차 산업혁명시대인 지금은 누구도 정년을 꿈꾸지 않는다. 아니, 꿈꾸는 것이 아니라 꿈꾸지 못한다. 왜냐하면 회사를 졸업할 수 있도록 조직이 직원들을 그냥 두지 않기 때문이다. 평균 수명은 길어지고 처음 겪는 백세시대에 생명 연장이 재앙이 되지 않으려면 조직에 몸담고 있을 때 무언가 해야 된다.

역시 지인으로부터 들은 말이다. 퇴근 후 한 번도 빠짐없이 꾸준하게 어학학원에 가서 매진한다. 한 해 두 해 그렇게 공부하다 보니 회사에 입사한 해외파보다도 영어 구사력이 더 좋아졌다. 조직의 업무도 문제없이 해내고 대인관계도 좋다 보니 해외공장의 관리자로 파견시켰다. 조직은 성과를 낸 이런 사람을 임원으로 발탁하지 않겠는가. 꾸준히 하는 사람을 이길 수 있는 방법은 없다. 지금도 그는 영어회화 학원을 다닌다고 한다.

직원도 이제는 임원처럼 언제 조직을 떠날지 모른다. 임원보다 급여도 훨씬 적고, 대우도 다르니 쫓기듯 퇴직당하지 않으려면 어떻게 해야 될까? 가장 필요한 것은 배움에 대한 도전이다. 절대 배움에 망설이지 말아야 한다. 준비할 새도 없이 쫓기듯 퇴직하면 좌절하거나 조직을 원망할 것이다. 지금부터 정년퇴직 때 졸업하려면 절대로 배움에 대해서 망설이지 말고 바로 시작하자. 바로 지금 말이다.

매년 연말이 가까워지면 대기업들은 약속이나 한 듯 정기 임원 인사를 단행한다. CEO는 물론이거니와 진급한 임원들을 언론을 통해 쏟아 낸다. 그들의 이력 또한 화려하다. 최근에는 젊은 나이에 임원에 오른 걸 보면 대단한 실력자임에 틀림없다. 쉽게 임원이 되는 것이 아니라, 입사 때부터 그들은 마음가짐이 분명 달랐을 것이다.

신입사원으로 입사 후 처음 배치되는 부서에서 CEO를 목표로 전력 질주한 것이 분명하다. 하나하나 준비된 경우가 많다. 그러니 결코 임원을 쉽게 보아서는 안 된다. 그들이 사원들의 앞길에 중대한 영향을 미친다는 것은 누구나 알고 있지 않은가. 진급은 못 시켜 주어도 최소한 훼방은 놓을 수 있다는 것이다.

기업에서 장수하기란 쉽지 않다. 지금부터라도 정신 똑바로 차려야 한다. 경제가 점점 어렵다 하고, 고용도 불안하고, 경제지표가 좋아질 기미도 보이지 않는다. 임원 진급이 어렵다고 해도 사원으로서도 조직에 기여하는 바는 많다. 지금 맡고 있는 업무에 누구보다 전문가가 되면 된다.

동일 업무를 하고 있는 동종 업종 직원과의 모임, 업무와 관련된 학회 등에 가입하여 다양한 경험을 쌓아야 한다. 매일 만나는 회사 동료도 중요하지만, 본인 경쟁력은 외부의 새로운 사람을 꾸준히 만나는 것, 새로운 업무 스타일을 경청하고 고민하는 것도 중요하다. 지금도 늦지 않았다. 맡고 있는 업무에 있어서는 조직에서 최고가 되어야 하지 않을까.

그런 조직원은 조직에서 나이가 많다고 절대로 내보내지 않는다. 졸업할 수 있도록 배려할 것이다. 그런 직원을 명예퇴직시킨다면 기업 입장에서 손해이기 때문이다. 다시 한 번 강조하건대, 결코 지금 시작해도 늦지 않다. 말로만 전문가가 아닌 관련 학위나 국가가 인정하는 국가면허증, 국가자격증 등을 취득하자. 그렇게 준비해야 치사하지 않고, 당당해질 수 있다. 그래야 직장인으로 멋지게 졸업할 수 있다.

멋지게 졸업하는 첫 번째 조건은 변화에 대하여 긍정적인 사고를 갖는 것이다. 변화에 대해서 두려워하거나 기피하지 말자. 그리고 꾸준한 체력 관리를 하자. 근력운동을 기반으로 유산소 운동을 하자. 근력이 있어야 힘을 쓸 수 있다.

다시 한 번 강조하지만, 잊지 말 것은 독서를 해야 한다는 점이다. 독서에 미래가 있기 때문이다. 그리고 출근하면 경제신문을 보고 난 다음, 중요하다고 생각되는 기사는 오려서 모아 두자. 그렇게 모은 기사는 강의 자료는 물론이거니와, 조직에서도 잘 활용할 수 있다. 또한 기록하는 습관을 갖자. 잘 기록하는 자가 똑똑한 두뇌의 소유자보다 멋있다.

당당하게 살아남는
원동력

이 땅에서 살면서 국민의 의무 중의 하나인 세금을 바르게 내면서 살고 있다. 결코 자랑도 아님에도 말이다. 필자는 34년 넘게 유리지갑이지만, 그럼에도 불구하고 소득이 있다면 세금을 내야 된다는 기본을 이해하고 있다. 잘 살았다고 자부할 수 없지만, 그래도 열심히 살았다고 말할 수 있다.

평균수명이 점점 길어짐에 불안감이 있다. 오래 사는 것이 결코 멋이 아닐 수도 있다. 정년퇴직까지 버티는 것도 결코 쉽지 않다. 시시탐탐 조직 밖으로 내보낼 생각을 하고 있으니 말이다. 결코 약점을 잡혀선 안 된다.

그래도, 직장

나이를 먹었으니 이제 어떻게 하면 떠나게 할까 하는 생각을 하는 것은 오랫동안 근무한 자들에게 할 일은 아니라 생각되겠지만, 일부 임원은 생각이 다를 수 있다. 치사해도 무직보다는 훨씬 좋으니까, 참고 인내하는 것이 좋을 듯하다.

하지만 업무에 있어서는 당당하게 전문가가 되어야 한다. 멋있게 유종의 미를 거두는 정년퇴직을 꿈꾼다면, 회사에서 성실히 일하는 것도 중요하지만, 윗사람에게 당당해져야 한다. 그런 사람만이 직장을 넘어 직업을 가질 수 있는 것이다. 나이 많은 것은 잘못이 아니다.

임원뿐만 아니라 그 누구도 언젠가는 회사를 떠난다. 영원한 것은 없다. 판사, 검사들은 아래 기수가 상사가 되면 조직을 떠난다고들 한다. 그들은 조직을 떠나도 변호사로 개업하여 새로운 인생이 시작될 수 있지만, 일반 기업에서 근무하는 대부분의 월급쟁이는 아랫사람이 상사가 돼 있을 때 회사를 떠나기란 쉽지 않다. 떠나는 순간 잘못되면 바로 백수가 될 수 있기 때문이다.

진급하는 것, 그것은 월급쟁이들의 기쁨이다. 그러나 진급이 쉽지만은 않다. 이런저런 이유를 만들어 나이가 많은 자에게 진급의 길을 쉽게 열어 주지 않는다. 대기만성도 있지만 기업은 점점 젊은 사람을 원하는 것이다. 오래 근무한 것은 능력이 아니라 무능일지도 모른다는 생각이 든다. 그렇다고 퇴사해서 자유를 느끼겠다고 하는 것은 오만이다. 가족에게 진술해야 된다.

지금부터 조금씩 준비를 하자. 회사가 내 인생의 전부는 아니다. 서서히 떠날 준비를 하자. 운동도 열심히 하고, 학창 시절 공부를 안 했더라도 지금 이 순간부터 자기 계발을 해 보자. 좋아하는 것도 찾아서 해 보자. 지금 시작해도 결코 늦지 않다. 퇴사해서 한다면 늦다. 조직에 몸담고 있을 때 해야 한다.

회사를 떠나려고 하지 않는데 조직은 냉정하다. 아직 회사를 그만둘 수 없다. 그러나 언젠가는 회사를 떠날 것이라는 생각을 꼭 가져야 한다. 퇴사 후 어떻게 살 것인지 자신에게 반문해 보자. 현실을 직시하자.

많은 동료들이 정년의 문턱을 넘지 못하고 떠난다. 자의 반 타의 반, 자존심이 상해서 사직한다는 동료도 있다. 늦게 결혼한 탓에 애들이 아직 어려서 더 참아야 되는데 너무 힘들다고 한다. 고령화시대를 맞아 정년도 못 채우고 떠나는 것은 그 순간부터 어려움에 처할 수 있다.

기업들은 고령자에게 양질의 일자리를 보장하지 않는다. 노동시장은 냉정하다고 볼 수 있다. 간판이 있는 직장에서 정규직으로 오랫동안 근무하고 직장을 떠나면 임시직으로 전환시키거나 아니면 나이 먹었다고 채용을 꺼릴 수도 있다. 그것이 현실이다. 기업들은 여러 이유를 들어 고령자의 채용을 줄일 것이다.

양질의 제품과 최고의 서비스는 누가 만드는가. 다름 아닌 내부 고객이 만들어야 세계와 경쟁할 수 있는 것이다. 그런 내부 고객들에게 정년퇴직 때까지 멋지게 일할 수 있도록 해야 된다. 그들의 자녀도 부모가 몸담고 일했던 기업의 제품과 서비스를 이용할 수 있도록 해야 되지 않는가. 기업이 쫓아내려고 할 때 그들은 아마도 제품과 서비스를 구매하지 않을지도 모른다. 그리고 부당하다고 여러 사람에게 하소연하지 않을까. 구매가 이루어지지 않을 때 기업은 생존하기도 쉽지 않다.

20여 년 전 대부분의 근로자는 정규직이었지만 IMF를 거쳐 금융위기 등을 지나면서 정규직, 임시직, 계약직 등 다양한 직종이 생겼다. 간판을 버리면 임시직으로 오랫동안 일하기도 쉽지 않고, 다시 실직으로 내몰릴 수 있다. 고령층은 생산성이 낮다는 편견을 가지고 있다. 다양한 경험, 노련한 의사 결정은 무시되고 있으니 답답하다. 그러나 그것이 현실이다.

힘들어도, 치사해도 정년까지는 참아야 한다. 당당해야 갈 수 있다. 정년, 고지가 바로 저기인데 말이다. 그러나 무조건 정년까지 참고 또 참는 게 능사는 아니다. 무언가 조직에 도움을 줄 수 있는 사고의 전환이 필요하다. 젊은 임원이 못하는 것, 오랫동안 근무하면서 쌓은 다양한 경험이 바로 그것이다. 꾸준히 독서하고 맡은 분야에서 전문가가 되는 것, 그것이 바로 살아남는 원동력이다.

영원한 현역으로
살아남기

상상은 현실이 된다. 준비하지 않은 50대들이 갑자기 직장에서 쫓겨나면 많은 사람들이 생계에 위협을 받는다. 자녀들 등록금도 줘야 되고 어렵게 장만한 집 대출도 갚아야 하고, 건강보험료, 국민연금 등 매달 납부해야 할 것도 많다.

어렵게 정년퇴직을 해도 국민연금을 받으려면 앞으로도 몇 년을 더 기다려야 된다. 직장을 그만두면 매달 정기적으로 들어오는 수입이 없을 수 있으므로 생활비가 쪼들리게 된다. 중산층이 쉽게 추락할 수 있다. 이때 추락은 나 혼자만 겪는 일이 아니다. 가족도 함께 힘들어진다.

50대에 새로운 자리를 찾아도 안정된 일자리를 구하기는 쉽지 않다. 급여 수준 또한 열악한 것이 현실이다. 당신이 50대라면 지금 몸담고 있는 조직이 낫다. 치사하고 또 치사해도 당당하게 살아남자. 자기 처지를 남들과 비교할 필요가 없다. 당당하게 건강관리 잘하고 조금씩 내가 좋아하는 일을 준비하자. 길을 찾아보면 된다.

중산층 추락 이유에는 여러 가지가 있겠지만 대략 이런 단어들이 떠오른다. 사업 실패, 명예퇴직, 권고사직, 질병, 정년퇴직…. 50대는 퇴직하는 순간 오랫동안 양질의 일자리를 구하기 쉽지 않다. 그 후 얻은 직장도 오랫동안 일하기 쉽지 않은 것이 현실이다. '샐러리맨 파산'이란 말이 있다. 직장인도 일자리를 잃거나 급여가 크게 줄어 빚을 갚기 어려워지면 파산 신청을 할 수밖에 없다고 한다. 남의 일이 아니다.

치사해도 참아야 한다. 나이를 먹었으면 더욱 그렇다. 조직에 몸담고 있으면서 당장 그만두어도 일자리가 밖에 많다고 할지 모르지만, 퇴직하는 순간 일자리를 찾아 헤맨다. 그래도 조직 안은 봄이다. 지금 조직 밖은 겨울이 아닌 아주 추운 한겨울이다. 그래도 조직 안에 있을 때가 치사해도 봄인 것이다. 치사해도 참기만 할 것인가. 아니다. 절대로 아니다. 직업을 가질 수 있는 준비를 빡세게 해야 된다.

퇴사하자마자 생활고에 시달리고 급격한 사회 변화에 놀란다. 젊은이가 사용하는 언어도 이해하지 못하는 경우도 많다. 조직에 몸담고 열심히 일했을 뿐인데, 나이 먹었다는 이유로 사표 쓰라고 압박하는 건 좀 아니지 싶지만, 현실을 무시할 수 없다. 지금 그렇게 말하는 당신은 평생 젊을 것이라고 생각하느냐고 항의해도 소용없다.

평생을 몸담고 열심히 일한 회사인데, 나이 먹었다고 명예퇴직을 강하게 압박을 당한 순간이라도 늦지 않다. 참고 또 참고 이제라도 실적을 내면서 열심히 해 보자. 그리고 조직을 떠날 준비를 해야 된다. 오너가 아닌 이상 모두 떠난다. 최근 일부 대기업 사태를 보면서 오너도 주주들에 의해 등기이사가 되지 못하는 경우도 있지 않은가. 결코 오랫동안 조직에 머물러야겠다는 생각은 버려야 한다.

그렇지만 쉽게 조직을 떠나서는 안 된다. 특히 나이 든 사람은 더욱 그렇다. 준비되지 않고 퇴직하는 것은 생활고를 떠나 가족까지 파괴될지도 모른다. 조직에서 열과 성을 다하는 이유는 가족과 함께 행복하게 보내려고 하는 것 아닌가. 준비 없는 퇴직은 주위를 모두 힘들게 만든다.

"젊었을 때 말이야 과거엔 야근도 밥 먹듯 하고, 남들 놀러 다닐 때 휴일에도 일하고, 몸이 아파도 아픈 척 못하고 일찍 출근하고

연차도 반납하고…. 그런 시절을 보냈는데, 지금은 나이 먹었다고 퇴직을 운운하다니….”

하소연할지라도 냉혹한 현실에서는 동정도 하지 않는다. 나이 먹었다고, 욱하지 말고 참아라. 그리고 스스로 내가 뭘 잘할 수 있는지 생각해 보고, 그것을 하나씩 하나씩 배워 보자. 결코 늦지 않았다. 백세시대라고 하지 않던가. 정년까지 잘 버티고 나머지 인생 40년을 멋지게 지내려면 상사와의 불화도 잘 견뎌야 한다.

절대로 스트레스를 술과 담배로 풀어서는 안 된다. 동료와 술 마시면서 그런 상사를 안주 삼아서도 안 된다. 언젠가는 부메랑이 되어 돌아온다는 것을 명심하라. 그런 행동은 몸도 망치고 정신도 황폐하게 만들 뿐이다. 과거엔 잘나갔다고 자랑할 필요도 없고, 지금 어려움에 처해 있다고 우울하게 생각할 필요도 없다.

지금 준비해도 결코 늦지 않다. 바로 시작해야 원하는 분야의 스펙을 쌓을 수 있다. 원하는 일이니, 절대로 괴롭지 않고 즐겁게 할 수 있다. 직장에서 성과를 내면서 업무에 임하고 조금 더 솔선수범하자. 사무실 정리정돈에 앞장서자. 불필요한 것은 버리자. 그리고 원하는 분야에 투자하자. 그래야 영원한 현역으로 살아남을 수 있다.

그래도, 직장

버티는 자가
승리자다

버티는 자가 강한 것이다. 그러나 버티는 것도 보통 힘이 드는 것이 아니다. 변화하는 종이 오래 살아남아 있을 수 있다고 하는데, 버티는 것은 눈치코치 전부 봐야 되는 치사한 것일 수 있다. 그럼에도 불구하고 버텨야 한다. 긍정적인 사고와 합리적인 사고를 하더라도 버티는 것이 답이다.

이만큼 버텼기 때문에 아직 건재한 거다. 버텨 주는 것, 이것이 바로 월급의 한 부분이다. 나이를 먹어서 버틸 수밖에 없다고 절대로 비하해서는 안 된다. 이만큼 기업이 성장하도록 이바지한 것임을 알아야 한다. 쓸모없는 인간이 아니다.

'신세대가 쏟아져 들어오는데 아직도 버티고 있다니….'

이렇게 생각할 필요도 없다. 그들의 일자리를 빼앗고 있다고 자괴감을 느낄 필요도 없다. 만 55세가 넘으면서 임금피크제로 급여도 많이 줄었다. 정상적으로 급여를 지급할 능력이 있음에도 불구하고 말이다. 당당하게 정년퇴직을 해 보는 것이다.

시대가 변하더라도 월급쟁이는 언젠가는 퇴직을 한다. 사원이든 CEO든 오너인 회장도 때가 되면 떠날 수밖에 없다. 그러나 사원들에게는 임금 피크제, 업적 평가제로 운운하면서 사지로 몰고 간다. 결코 좌절할 필요 없다. 성공하지 못했지만, 어렵게 살고 있더라도 당당할 수 있는 것은 바로 이제껏 이만큼 바르게 해 왔기 때문이다.

몸 상해 가면서 너무 애쓰지 말자. 후회하지 말고, 잘 놀다 간다고 생각하자. 그리고 즐기자. 일은 즐기는 거다. 즐기는 자에게 이길 수 없다. 즐기면서 그렇게 오랫동안 업무를 해 왔는데 전문가 아닌가. 전문가다. 절대로 주눅 들지 말자.

버티는 자가 바로 승리자다. 내 뒤에는 든든한 가족이 있다. 내 곁에 진솔한 동료들이 있다는 것을 느낄 수 있다면, 지금부터 하고 싶은 일을 하면 된다. 마음을 다하여 프로라는 생각을 가지고 앞으로

벌어질 새로운 길도 무서움 없이 버티려는 힘, 어떤 고난도 두렵지 않게 생각하는 마음가짐이 중요하다.

간절히 원하면 된다. 긍정적인 자세로 생각하고 실천해 보면 머지 않아 그렇게 된다. 한없이 부정적으로 생각하면 결말은 항상 부정적으로 잘 안 된다. 무엇이든 잘될 거라고 긍정적으로 생각하면 항상 좋은 결과가 나오게 마련이다.

불평불만에 열 올리는 시간에 조금만 생각을 바꿔 보자. 불평하고 불만을 한없이 떠들어 대는 것보다는 그 시간에 다른 것을 해 보자. 하고 싶은 것이 얼마나 많은가. 이왕 할 일이라면 긍정적으로 생각해 보자. 정말로 잘된다. 마음이 편해지고 행복해지는 기분을 느낄 수 있다. 그리고 그 힘으로 오늘 하루도 잘 버텨 나갈 수 있을 것이다.

영광스러운
졸업을 위해

사원에게는 좋은 점이 있다. 정년퇴직 제도라는 것이 그것이다. 은퇴의 시간을 정확히 알 수 있는 귀한 선물이 바로 졸업인 것이다. 그런데 현실은 졸업을 맞이하는 것도 쉽지 않다.

막상 졸업을 하더라도 앞으로의 삶이 결코 순탄하지 않을 텐데, 하물며 조기에 졸업하면 적응하기 힘든 변화를 겪으며 육체적·정신적 고통을 느끼게 된다. 아무리 마음의 준비를 한다고 해도 50대 조기졸업은 결코 안 된다. 특히 나이를 먹었다면 조기졸업은 절대로 하지 말자. 치사하다고 무작정 조기졸업을 하는 것이 능사는 아니다.

그래도, 직장

그렇다면 어떻게 해야 졸업을 할 수 있을까? 나이가 들어서도 조직문화에 잘 견뎌야 하고, 그런 문화를 만들어 가야 한다.

첫째, 변화를 두려워하지 말고 새것을 익혀라. 옛것에 너무 익숙해져서 새것을 멀리하지 말자. 증강현실, 인공지능, 사물인터넷, 4차 산업혁명, 빅데이터 등에 대해서 최소한의 의미를 배우는 삶이 되어야 한다.

둘째, 기술과 능력을 인정받자. 젊은 사람들은 진급도 하고, 나이 먹은 자를 무능하게 쳐다보는 것처럼 느껴질지 모르겠지만 주눅 들지 말자. 오랜 근무 경력이 있는데 결코 기술과 능력을 과소평가받을 수 없다. 노하우를 후배 사원에게 과감하게 전수할 때, 능력은 배가된다.

셋째, 상상력을 가져라. 창의적인 상상력을 통해 혁신을 이룰 수 있으며 능력 또한 키울 수 있다. 즐거운 상상력과 혁신을 통해 일과 삶의 균형을 맞춰 보자.

넷째, 항상 공부하고 독서하라. 즉 자기계발이 중요하다. 졸업 후에도 계속 직업을 갖고 생활하려면 현직에 있을 때 공부하고 연구하는 습관이 몸에 배어 있어야 한다.

마지막으로 건강 증진이 중요하다. 머리는 빌려올 수 있지만 건강은 빌려오기가 불가능하다. 많은 직장인이 일에 치여 많이 힘들고 피곤하다고 하소연하는 것을 본다. 일중독일지도 모른다. 뇌도 좀 쉬게 해 주자. 문화적 취미 생활도 즐겨 보고 마음의 여유도 가져 보자. 절대로 쉬는 것이 불안하다는 생각을 버리자. 잘 노는 사람이 일도 잘한다고 하지 않던가. 오늘 당장 산책이라도 하자. 매일매일 가벼운 산책은 두뇌 회전에도 도움이 된다.

지금 근무하는 회사에서 인내하고 혁신하며 멋지게 조직 문화를 이끌어 갈 때, 졸업은 영광스러운 기쁨이 될 것이다.

첫 입사 때의
마음가짐으로

직장 생활을 하다 보면 좌절할 때도 많다. 상사로부터의 질책, 부서 간의 갈등, 인간관계 등 어느 하나 결코 쉬운 것이 없다. 열심히 일하고 나름 성과도 냈다고 생각해도 진급에서 누락되면, 부정적인 생각이 넘쳐난다. 상사를 잘못 만나서 어려운 점이 있을 수 있다.

그런데 그런 상사는 부하 직원을 잘못 만나 힘들게 고생한다고 생각할 수도 있다. 보직자가 되어 보면 상사와 부하 모두의 어려움을 이해할 수 있다. 인정도 못 받고 직장은 졸업하기가 쉽지 않다. 왜냐하면 기업은 자선 사업가도 아니고 목표와 성과를 중하게 여기기 때문이다. 그렇다고 직장에서 떨어져 나갈 수는 없다.

회사가 힘들어져 통제하고 감시하더라도 긍정적으로 생각하자. 회사보다 내가 더 어려우니, 그 어려움을 참고 견뎌야 한다. 변화를 항상 기억하라. 최소한 시대의 흐름을 읽고 이해해야 한다. 맡고 있는 업무에서 최고가 되어야 하는 것은 기본이다. 전문가라고 해도 조금은 겸손해져야 함은 물론이다. 그래야 인간관계가 조금은 쉬워진다.

최소한 졸업하자. 시중에 이런 이야기가 있지 않은가. 대학에서 상대를 나온 사람이나 공대를 나왔거나 아니면 문과대를 나왔거나 고졸이거나 학력이나 경력에 상관없이 모두 50대가 하는 것이 있다고 한다. 바로 치킨집, 편의점, 커피숍을 개업한다고 하니, 우습기도 하고 씁쓸하기도 하다. 혹자는 우리나라에 있는 치킨집이 전 세계에 있는 스타벅스 매장보다 많다고도 한다. 그만큼 경쟁이 치열하다는 이야기 아니겠는가.

"직장이 전쟁터라도 해도 그래도 온실이니 끝까지 버텨야 해."

먼저 회사를 떠난 선배들이 하는 이야기다. 현실은 냉혹하다. 버틴다고 버텨지는 것은 아니다. 정말로 버티는 것이 중요하지만, 쉽지 않다. 어떻게 할까? 매일매일 조금씩 변화하면 된다. 맡고 있는 분야에 최고가 되려면 실천이 필요이다.

그래도, 직장

최소한 관련 매뉴얼 숙지는 기본이고 기본적으로 관련 분야 서적도 많이 학습해야 된다. 또한 논문도 살펴볼 필요가 있다. 업무 관련 내용이 신문에 기사화됐다면 스크랩하자. 그런 자료들이 모이면 멋진 글쓰기, 교육 자료로 활용도가 높다. 인문학적 사고, 긍정의 힘을 믿으면서 변화를 추구해 반드시 회사에서 졸업할 수 있도록 하자.

직장인으로 변화를 통하여 도약해야 된다. 찬 겨울에 홀로 넓은 대지 위에 서 있다고 생각해 보자. 그것이 현실이다. 따뜻한 겨울을 맞이해야 된다. 그러기 위해서는 할 수 있다는 마음가짐과 실천이 중요하다. 20년 전에 그 힘든 IMF를 넘어서고 금융위기 때도 버텼다. 지금 힘들지만 변화와 열정을 통해 졸업할 수 있다. 긍정적으로 마음을 강하게 먹으면 된다. 또 알고 있는 지식을 동료들과 함께 공유하여 인간관계도 신경 써야 한다.

시대는 많이 변했다. 불과 몇 년 전만 해도 윗사람이 퇴근해야 바로 아랫사람이 퇴근할 수 있었다. 말단 사원은 항상 늦게 퇴근하는 것이 미덕인 시절이었다. 지금은 보직자의 특징에 따라 다르겠지만, 대부분 부서에서 부서장이 제일 늦게 퇴근한다고 보면 된다. 그걸 한탄하면서 '옛날엔 안 그랬는데…' 하는 부서장이 있다면 그가 바로 꼰대이다.

절대로 꼰대 소리를 들어서는 안 된다. 꼰대는 조직에서 살아남기가 쉽지 않다. 요즘 시대에 꼰대를 좋아하는 조직원은 없다고 해도 틀린 말은 아니다. 스스로를 돌아보고 추운 겨울 들판으로 나아가지 말자. 참고 인내하면 지금 근무하는 회사에서 멋있게 하자. 조직에 있을 때 미래를 천천히 준비하면 된다.

시대는 냉정하게 변했다. 회사는 절대로 기다려 주지 않는다. 철저한 자기 계발 없이 기업에서 졸업은 불가능하며 더구나 졸업유예는 더욱 힘들다. 초심으로 돌아가라. 항상 첫 입사 때처럼 마음가짐을 가져라. 그리고 혁신하고 또 혁신하라. 그러면 직장인으로서 최소한 기본을 넘어설 수 있을 것이다.

아름다운
마무리를 위해

아름다운 마무리는 정말로 중요하다. 무엇을 하든 간에 누구나 그렇게 멋있게 마무리하고 싶을 것이다. 그러나 현실은 쉽지 않다. 초등학교를 마무리하고 중학교와 고등학교 과정을 아름답게 마무리 했었다. 그때는 희망에 찬 미래가 있었다. 젊은 시절이었다. 현실과 부딪치면서 열정적으로 생활했다. 그럼에도 불구하고 현재 몸담고 있는 조직에서 아름다운 마무리를 하기란 결코 쉽지 않다.

세상은 급변하게 변하고 급속히 진행되고 있다. 농업혁명, 산업혁명이 인류를 어떻게 변화시켰는지 이해한 것이 얼마 되지 않은 것 같은데 지금은 4차 산업 혁명을 말하고 있다. 너무나 빠른 속도로 변화하는 것에 대해서 갑자기 불안해지기도 한다.

그러나 버티는 힘은 반드시 나온다. 어디서 나올까? 그건 아름다운 마무리를 해야겠다는 도전의식이 있기 때문이다. 아름다운 마무리를 위해서는 꿈을 가지고 한 발자국씩 앞으로 나아가야 한다. 중요한 건 마음먹기에 달렸다.

그리고 가장 큰 힘은 꿈과 마음가짐이다. 꿈이 없는 인생은 희망도 미래도 없다. 아름다운 마무리를 할 수 있게 하는 단어가 바로 용기이다. 용감해져야 한다. 자신감을 갖고 이겨 내면 조직에서 아름답게 마무리할 수 있다. 눈치 보지 않고 당당하게 걸어가자. 그런 자신에게 상을 주자.

세월이 유수 같다는 말이 있다. 옳은 것 같다. 나이 많은 어르신이 한숨 잔 것 같은데 벌써 구십이라고 한다. 그렇게 세월은 빠른가 보다. 필자도 며칠 전 입사한 것 같은데 벌써 한 직장을 34년 넘게 다녔다. 34년 넘도록 직장을 다녔지만 많은 것이 변했다. 회사 어떤 서류에도 평생 고용, 평생직장을 약속하는 내용은 없다.

그러나 과거에는 대부분 직원들이 우리 기업은 정년이 보장된다고 믿으며 근무했고 기업도 근로자도 어렵다는 IMF의 위기도 잘 넘졌다. 그런 기업문화가 있었다. 힘든 일도 많았고 보람찬 일도 많았다. 기업은 성장했고, 세상은 지금도 많이 변하고 있다. 또한 변화하는 속도도 너무 빠르다. 느림의 미학을 운운하는 것은 어떨 때 사치처럼 느껴지기도 한다. 그만큼 기업의 하루하루가 마치 전쟁터 같다.

하지만 진정한 전쟁터는 조직 밖에 있다. 기업 안은 그래도 봄날이다. 4차 산업 혁명, 사물 인터넷, 인공지능, 빅데이터 등 용어만 들어 봐도 앞날이 걱정된다. 필자가 근무하는 회사는 제과회사인데도 변화하지 않으면 안 되었다. 빅데이터를 활용한 제품도 벌써 시판되고 있다.

과거에는 성실하게 근무하면 되었는데, 지금은 변화를 이해하고 실천하지 않으면 안 된다. 열정을 갖고 미래를 볼 수 없으면, 정년 보장이 될 것이라고 믿는 사람은 거의 없다고 생각된다.

지금까지 힘들게 어렵게 왔는데 버텨 보자. 고지가 바로 저기인데 말이다. 그리고 인생 2막을 생각해야 하므로 직업을 가질 수 있도록 조직에 몸담고 있을 때 자기 계발을 충실히 하자. 절대로 우울하게 생각하지 말라. 우리에겐 아직도 기회가 있다. 인생을 살면서 기회는 최소한 세 번 정도 온다고 하지 않던가. 이제 우리에게도 곧 기회가 올 것이다. 준비하자. 준비한 자에게는 반드시 기회가 온다.

일자리가
최고의 복지

졸업이 많이 남아 있음에도 불구하고 자의 반 타의 반 직장을 떠나는 사람들이 있다. 스트레스에서 해방되었다고 한다. 그러나 스트레스 없는 일상이 있는가. 완벽한 세상은 없다. 경제적 자립도 어느 정도 성취했으므로 이제는 아침 일찍 나갈 일도 없고 내 인생을 즐겨 보겠단다. 할 일도 많다고 한다.

등산을 좋아하여 산에 간다고 했다. 매일 등산을 하다 보니, 일주일이 지나니 산이 무섭다고 한다. 이번에는 직장 다닐 때와 마찬가지로 아침마다 사우나로 향한다. 한 달 예약을 하니 조금 저렴하게 해준다. 탕에 몸을 담그고, 돌침대에서 큰 대자로 뻗어 즐기는 휴식이란 무엇과도 바꿀 수 없는 짜릿한 것이었다. 오랫동안 조직 생활에서 느끼지 못한 희열이라고 한다. 그런데 일주일이 지나니 탕 안에서 느껴지는 습한 기운이 겁나기 시작한다. 내일 이곳에 또 와야 하나 걱정이 앞선다. 무섭기까지 했다고.

"조금 더 직장에서 버틸걸…."

지금은 나이가 많아 재취업도 쉽지 않았지만, 어렵게 재취업해서 일하고 있는데 계약직이란다. 그래도 아침에 눈떠서 출근해 일할 곳이 있다는 것에 대해서 감사한다고 했다. 안정적인 급여를 받다가 실직하고, 재취업도 쉽지 않고, 생계를 위해 자영업에 내몰렸을 때 어려움이 많다. 남의 이야기로만 들리지 않는 것은 왜일까?

과거에는 조직에서 살아남는다는 것은 그리 어렵지 않았다. 직장의 개념이 '평생직장'이었기 때문이다. 그러나 지금은 조직에서 살아남는다는 것은 때로는 기쁨이기도 하지만, 또 한편으론 비굴하게 느껴질 때도 있다.

IMF 때도 문제없었다. 그러나 지금은 그때와 많은 것이 달라졌다. 많은 대기업들의 인사를 보면, 40대 임원들이 탄생하고 50대가 CEO 시대이니 말이다. 점점 나이는 들고, 때로는 나이는 숫자에 불과하다고 외쳐도 본인의 위안일 뿐 조직에서는 공허한 메아리로 돌아온다.

직장 상사 이야기만 들어도 화가 치밀 때가 있다. 그런데 조금만 생각을 바꿔 보면 어떨까? 나에게 싫은 소리를 하는 것에 대해 잘 변화해서 졸업할 수 있게 하라는 뜻으로 해석해 보는 것이다. 일자리가 최고의 복지라 하지 않는가. 조금 비굴해도 버텨야 한다.

외환위기 때 직장에서 퇴출된 후 빈곤층으로 추락하고 재취업해도 비정규직이며, 신용불량자가 된 사람도 많았다고 한다. 게다가 경제적으로 어려우면 가정불화도 생기게 마련이다. 실직을 하면, 정기적인 급여를 기대할 수 없으니 경제적 궁핍이 생길 수밖에 없지 않은가.

도덕적으로, 법적으로 문제가 없다면 참자. 노후 대책도 충분하게 하지 못했는데, 말년을 불안하게 보낼 수는 없지 않은가. 치사해도 조직에서 생존하는 것은 중요하다.

재직하고 있는 곳에서 자신의 능력을 더 발휘하여 그곳에서 졸업하고자 한다면, 배워야 한다. 기존 일자리에서 재교육에 힘써야 한다. 말로만 '해야지.' 하지 말고, 행동으로 옮겨 보라. 실천해 보는 것은 생각보다 어렵지 않다. 지금 시작하면 된다. 재교육을 받고 싶어도 재정적 뒷받침이 있어야 한다. 충족한 임금이 아니면 쉽지 않지만 생각을 바꿔 보라. 지금 하지 않으면 언제 할 것인가. 그래야 당당함 도 생긴다.

핵심은
실행에 있다

버티는 자가 강한 것이다. 철저하게 버틴다. 결코 버티는 것이 쉽지 않지만, 버티는 것이 살길이다. 왜 버티는지 아는가? 일자리를 지키는 것이 나 자신뿐만 아니라 가족과 더불어 사는 방법이기 때문이다. 파산의 가장 큰 이유가 실직이라고 하지 않던가.

경제력이 없어지는 순간 어떻게 되는지를, 우리는 IMF 사태 때 똑바로 보았다. 직장에서 떨어져 나가 경제력을 잃게 되어 일부는 노숙자로 힘들게 살아가는 모습들을 말이다. 직장에서 살아남는 것이 중요하다. 월급쟁이를 유리지갑이라고 함에도 불구하고 정확하게 세금을 내고 있는 것이 멋진 것이고 애국하는 일이다.

그래도, 직장

일자리를 잃지 않고 버티는 것이 애국이라지만, 버티는 것에도 한계는 있다. 내 뜻대로 되지 않는다. 윗사람의 질타도 심하게 받는다. 따지고 보면 이렇게까지 욕먹을 일이 아닌데도 말이다. 그때는 싫은 소리 듣는 것, 그것도 월급에 포함되어 있다고 생각하면 된다.

그런데 의외로, 임원은 사원보다 더 심한 질타를 받는다. 경영자라는 이유로 자칫 의사결정을 잘못할 경우, 기업이 어려움에 처할 수 있기 때문이다. 월급이 사원들보다 매우 많은 이유도 이 때문이다.

지금 당신에게 무엇이 무섭고 공포심을 유발하는가. 월급쟁이에게는 전 세계를 연일 강타하고 있는 코로나19의 공포심보다 갑자기 내려진 인사명령 한 장의 공포가 더 크다. MZ세대라 하는 신세대가 몰려오고 있다. 이 또한 나이 많은 월급쟁이들에게는 언제 밀려날지 모른다는 공포다.

아무런 행동을 하지 않는다고 공포로부터 벗어날 수는 없다. 당당해지려면 실력이 있어야 한다. 이런 사실을 젊었을 때 알고 미리 실천한다면 좋겠지만, 나이 든 지금이라도 늦지 않았다. 해 보면 된다. '내일부터 하지.' 하면 절대 안 된다. 스스로 똑똑하다고 착각하고 있는 자들이 실력의 한계를 느끼고 먼저 직장을 떠나는 것을 많이 봤다. 직장에서 살아 있는 한 희망은 있다. 그래서 절대로 미루는 습관이 생활화되어서는 안 된다.

백세시대라고 하지만 건강한 인생은 결코 길지 않다. 철학자 키케로는 나이가 들면서 생기는 네 가지 중요한 문제점에 대해 다음과 같이 지적했다.

"일하기가 더 어려워지고, 신체가 쇠약해지며, 육체적 쾌락의 즐거움이 사라지고, 죽음이 가까이 있다는 점이다."

우리 모두가 죽는다는 것은 사실이다. 하지만 죽을 때 죽더라도 미루는 습관은 버려야 한다. 시키는 일만 한다면 노예요, 자신이 얼마나 한심하겠는가. 살아 있는 동안은 결국은 일이 중요하다. 성공하면 좋겠지만, 실패해도 문제없다. 아무것도 하지 않고 미루기만 한다면 아무 일도 일어나지 않고 쓸쓸히 죽음을 맞이하는 것과 같다. 미루지 않고 한다는 것은 오늘 하루가 행복해지는 길이다.

"한 가지 소원은 꼭 들어주시는 갓바위 약사여래불께 기도를 올려 보세요. 한 방울씩 떨어지는 낙숫물이 바위를 뚫듯 당신의 소원은 꼭 이루어질 것입니다."

대구 갓바위를 방문했을 때 직접 본 내용이다. 멋진 글이다. 갓바

그래도, 직장

위를 내려오니 느린 우체통이 보인다. 투입되는 엽서는 1년 후에 배달된다고 한다. 업무 때문에 수차례 대구를 방문했지만 갓바위를 가봐야겠다는 생각만 있었지, 실천으로 옮기지 못했다. 지사에서 30분도 안 되는 거리에 있음에도 말이다. 드디어 용기를 내어 갓바위에 올랐다. 핵심은 '실행'이다.

약점을 노출해선
안 되는 이유

젊었을 때는 토요일에도 근무를 했었다. 휴식이 있는 일요일에도 출근하여 업무를 한다. 아이들과 놀아 주지 못하고 열심히 일했지만 승진이라는 기회가 잘 오지 않았다. 여러 가지 이유를 말한다. 한 직급에 오래 있었다고, 진급 대상자들 중에서 나이가 많다고…. 이렇게 승진 기회가 거의 없는 직장에서 희망도 없이 장기근속자의 배려까지는 바라지 않지만 반드시 졸업해야겠다고 마음먹지만, 언제 권고사직이나 명예퇴직 등을 동원해 나와 이혼을 선언할지 모른다.

회사는 냉정하다. 내보려고 마음먹는 순간, 말이 좋아 명예퇴직이지, 자르겠다는 마음을 가진 순간 자르려고 용을 쓴다. 그렇게 쉽게

그래도, 직장

내가 나갈 것 같으냐며 생각할 수 있겠지만, 막상 해당자로 지목되면 그렇지 않다. 현실은 냉혹하다. 그러니 의욕을 잃은 사람으로 보여서는 안 된다. 진급에서 누락된 직원은 다음 기회에 더 열정적으로 보여야 한다.

세월은 유수와 같다. 점점 나이가 들면 보수는 늘지 않고 임금피크제 운운하면서 오히려 삭감된다는 사실을 알고 있을 것이다. 삭감된 임금이 더 쉬운 일자리를 주는 것도 아닌데, 회사는 나이 든 직원의 노하우를 별로 생각하지 않는다. 그래서 나이가 있는 직원을 내보낼 기회를 본다. 그것이 현실이다.

무기력하게 있다가 능력과 성과가 부족하다고 낙인찍혀서는 안 된다. 지금부터라도 자기 계발에 열정을 보이자. 누가 교육의 기회를 주기 전에, 본인 스스로 교육의 기회를 찾고 적극적으로 매달리자. 입사 후 지금까지 앞만 보고 달려오지 않았던가. 이제는 생각을 조금만 바꿔 보자. 동료들에게 먼저 인사하고, 친절하게 배려해 주자. 그리고 내가 알고 있는 노하우를 아낌없이 전수하자.

절대로 직장이 날 알아주지 않아도 스스로 자책하지 말자. 졸업하자. 절대로 명예퇴직은 하지 말자. 그리고 졸업할 때까지 하나하나 준비하자. 이제 제대로 된 직업을 가져야 하지 않겠는가. 포기하지 않고 계속해서 자기 계발을 통해서 살아남을 수 있다. 철이 늦게 들 수도 있다고 생각하라. 늦게 철이 든 만큼 공부하는 것이 얼마나 재미있는가. 분명 멋있게 펼쳐질 나의 인생 후반의 모습을 상상해 보라.

학습에 투자하는 비용은 결코 만만치 않지만 투자하자. 추상적으로 학습하지 말고, 구체적으로 해야 된다. 자기 계발을 통해 잘하는 일을 하면 성공할 수 있다. 약간의 위기감을 마음 한구석에 갖고 실천하자. 냉정하게 생각하고 꾸준히 실력을 갈고닦으면 된다. 무기력한 모습을 절대로 보여 주어선 안 된다. 약점을 노출하는 순간, 말하지 않아도 알 것이다.

무소의 뿔처럼
당당하게

단체 협약, 취업 규칙, 급여 규정 등 세부 내용을 몰라도 필자가 근무하는 곳은 평생직장이라는 기업 문화가 있었다. 경제가 호황일 때도 불황이었을 때도, 직원들 대다수가 평생직장이라 생각했다. 매년 경제가 어렵다고 하면서도 꾸준히 기업은 성장했고, 아끼고 또 아껴야 한다고 했다. 또한 롯데그룹 창업주도 강조했다.

"회사와 경영자와 종업원은 한 식구다. 경영자는 직원과 그 가족들을 책임지는 사람이다."

평생직장임에 틀림없었다. 기업의 재무구조 상태도 양호해서 갑자기 다가온 IMF 때도 평생직장이었다. 그러나 세상이 많이 변했고, 우리 기업도 변했다. 개인보다는 기업을 살려야 된다는 분위기가 강해졌고, 근로자에게 노후에 필요한 퇴직금 누진제가 없어지고 단순화되었다.

위험에 미리 대비해 두는 것이 안전했음에도 불구하고 준비성이 없었다. 익숙함과의 결별이 늦었다. 회사에서도 다양한 직종들이 생겼다. 정규직뿐이었는데 IMF를 거치면서 노동의 유연성도 강조되었고, 계약직도 생기고 쉽게 조직 밖으로 내보낼 수 있는 직군들이 생겼다. 더 이상 평생직장이 아니었다. 오랜 전통인 기업 문화도 변했다.

조직보다 먼저 우리 자신이 냉정하게 변해야 한다. 뭐가 됐든 간에 일을 해야 한다. 양질의 노동력은 제공할 수 있어야 한다. 누구의 잘못인가. 변화하지 못한 것이 절대적으로 본인의 과오인가. 그렇지 않음에도 불구하고, 스스로의 변화가 필요하다. 개혁해야 된다.

"결국 살아남은 것은 강한 종도 아니고 지적 능력이 뛰어난 종도 아니다. 종국에 살아남는 것은 변화에 가장 잘 적응한 종이다."

찰스 다윈도 변화의 중요성에 대해 이렇게 강조하지 않았는가. 우리가 살아가는 데 있어서 경제는 중요하다. 일자리가 밥이기 때문이다. 지금 당장 이렇게 생각하고 변화해 보자.

'내가 CEO다. 이해관계자인 주주, 내부 고객, 외부 고객 모두를 만족시킬 수 있도록 하겠다.'

주인의식을 가지고 경영자 사고를 갖고 일해 보자. 겁먹지 말고 무소의 뿔처럼 당당하게 가자.

2부

관계, 끝까지
지켜야 할 것은

더 좋은 사람들과 지속적인 관계를 갖는 것이 매우 중요하다. 지속적인 개선보다 중요한 것은 없다. 쉬운 말로 표현하면 '변화'다. 익숙한 것은 물론 편안함을 준다. 그럼에도 불구하고 개선하고 변화하 지 않으면 경쟁력도 잃고 사람도 잃는다. 사람이 희망이니, 조금씩 천천히 변화의 길로 한 걸음을 걸어 보자.

우물 안 개구리에서
벗어나기

'지금 일하고 있지만 언제까지 일할 수 있을까? 직장에서 어떻게 생존할 것인가? 버틸 것인가, 아니면 이직할 것인가?'

이직하려면 한 살이라도 젊었을 때 해야 된다. 몸값을 올리는 방법이기도 하다. 한 직장에서만 34년을 넘게 근무하면서 계속 일할 수 있는 힘은 무엇일까. 젊었을 때는 아무 생각 없이 게을렀고, 나이가 들면서 늦게 철들었다. 꼭 이야기하고 싶은 포인트가 있다. 다양한 분야에서 새로운 사고방식이 요구되지만, 힘들어도 있어야 하는 곳은 일터라는 점이다.

그래도, 직장

만일 이직하고 싶은데 스펙이 문제가 된다면 퇴근 후 시간을 활용하고, 때로는 주말을 이용하여 틈틈이 도서관도 가 보자. 매일 만나는 직장 동료도 중요하지만, 관련 분야에 근무하는 다른 종사자와 네트워킹 하는 것 매우 중요하다. 포기하지 않는 자세가 필요하다.

"사고의 유연성과 강한 집념을 가져야 한다. 입사 후 10년 동안 실적 못 냈지만 연구는 마라톤과 같다. 결승점이 있다는 것에 확신을 갖고 정진해 나가길 바란다."

2019년 노벨 화학상을 받은 일본의 요시노 아키라가 한 말이다. 그때 그의 나이는 일흔 한 살이었다.

살다 보면 스스로 알게 되는 때는 너무 늦다. 늦기 전에 뭐라도 하자. 중요한 것은 행동해야 한다는 것이다. 행동하지 않으면 아무 일도 일어나지 않는다. 적극적인 자기 계발로 당당하게 고용사회에서 살아남기 위한 한 가지 방법으로 '외부 교육'을 들 수 있다. 코로나19 때문에 직장에서 외부 교육에 참가하기란 쉽지 않지만, 비대면으로 줌(Zoom)을 이용할 수도 있다. 다양한 사람을 만나야 한다. 그래야 우물 안 개구리에서 벗어날 수 있다.

회사에 입사하면 학교에서 배운 것하고는 또 다른 실무 교육들을 받는다. 사내 교육이라고 할 수 있다. OJT 교육이다. 기업들은 다양한 사내 교육을 개발하여 운영하고 있다. 그만큼 인재가 절실한 것임에 틀림없다. 독서 교육, 어학 교육, 직무 교육, 교양 교육 등 다양한 형태로 사내 교육이 운영되고 있다. 의무적으로 참여를 독려하기 위해 인사고과에 반영하여 중요성을 강조한다. 일하면서 다양한 학습을 하는 것은 미래를 위해서도 매우 바람직하다. 유명 외부 강사를 초빙하여 다양한 강연을 들으면서 가슴 한곳에 충만함을 느낄 때도 있다. 고마운 일임에 틀림없다.

필자는 주요 업무가 소비자 상담으로 정신적 스트레스가 심각하다. 다양한 성격의 소비자에게 전화 또는 직접 만나면서 불안, 초조, 우울 등을 느낀다. 감정노동의 어려움일 것이다. 회사에서 정신과 전문의를 초빙하여 빗속의 사람 그림 검사도 받고 상담심리 교육도 받았다. 소비자가 왜 그렇게 이야기하는지, 누구에게 하는 건지 등을 이해하고 스스로 스트레스를 심하게 받지 말아야겠다고 다짐도 해 본다.

"인간은 자유롭게 태어났지만 어디서나 쇠사슬에 매여 있다."

장 자크 루소의 말이다. 그렇다. 직장에 매여 있어 교육도 받을 수 있는 것이다. 세상이 변화하고 있고 소비자와의 관계를 더 좋게 하

그래도, 직장

고 싶다면 더 많이 경청해야 한다. 그럼에도 불구하고 사내 교육은 늘 만나는 직장 동료들을 강의실에서 또 본다. 그러니 조금 용기를 내어 연 1회 정도라도 외부 위탁 교육을 다녀오자. 다양한 수강생을 만날 수 있다.

조직만 다른 뿐이지, 비슷한 업무를 수행하는 사람들을 만나서 전문가의 강의도 듣고, 쉬는 시간에 다른 회사들은 나와 동일한 업무를 어떻게 처리하는지, 책 속에서 쉽게 찾지 못하는 실무 방법을 다양하게 익힘으로써 좋은 방법을 벤치마킹할 수 있는 기회가 된다. 외부 교육에 참석한 수강생들과 명함을 교환하면 회사에 복귀하여 업무를 진행할 때 궁금한 것도 물어보고, 함께 논의함으로써 더 좋은 아이디어를 만들 수 있다.

직장에 매여 있지만 박차고 나와 외부 교육에도 참여해 보자. 동일한 업무를 다양한 사람들과 교류하는 동안 지적으로 넓어짐을 느낄 수 있다. 그래야 당당하게 대접받을 수 있을 것이다. 회사가 정신없이 바쁘니 외부 교육은 다음에 가자고 윗사람이 말하면, 외부 교육을 받고 와서 더 열심히 하겠다고 하자. 쇠사슬에 매여 있지만 그렇게 말하는 용기가 당신을 더 크게 만들어 준다.

사장처럼 행동도
마음도 당당하게

정년퇴직까지 근무하고 싶다는 생각은 할 수 있지만, 현실은 쉽지 않다. 어떻게 일해야 살아남을 수 있을까? 쉽지 않은 월급쟁이를 계속하려면 어떻게 해야 될까? 늘 새로운 모습을 보여 주기도 쉽지 않다. 고용이 안정돼야 생각도 깊게 할 수 있고, 창의력도 높아지는데 기업은 시간을 기다려 주지 않는다. 기업의 기본 목적이 영리 추구니까.

열심히 일해 왔다고 생각하는데도, 회사를 떠나는 사람들을 많이 봤다. 일은 누가 하는 것일까? 인공지능, 빅데이터 등을 이야기하지만 변화는 결국 사람이 하는 것이다. 그래야 당당해질 수 있다. 세상

그래도, 직장

은 변했고 기업도 변했다. 마이클 포터는 이런 이야기를 했다.

"네슬레는 더 이상 자신들을 식음료 회사로 규정하지 않는다. 그들은 스스로를 영양(Nutrition), 보건(Health), 웰니스(Wellness)를 중요하게 여기는 기업으로 차별화한다. 식음료 회사라면 당연히 더 많은 사람들이 자기 제품을 많이 사도록 노력해야 한다. 그러나 스스로를 영양, 보건 기업이라고 정의하면 어떻게 될까? 목표가 달라지면 좀 더 다양하고 차별화된 기회를 움켜쥘 수 있을 것이다."

기업도 생존하기 위해 변화하는데 나 자신은 어떤가. 현실에 안주하지 않는 용기가 중요하다. 삶을 변화시켜 업그레이드해야 한다. 그래야 직장에서 오래 살아남는 것을 넘어서서, 결국은 직업을 가질 수 있는 마음의 여유가 생겨날 것이다. 직장에서 버티는 것도 능력이지만, 세상이 변하는데 아무것도 하지 않으면 고통이 더 크다.

사장처럼 생각하고 행동하라. 사장의 그릇이 따로 있는 것은 아니다. 업무를 추진할 때 월급 받는 종업원으로 생각하면 머슴이 되는 것이고, 주인처럼 생각하면 사장이 되는 것이다. 좋아하는 일을 하고 그 일이 재미있다면 다행이지만, 대부분의 일들이 순환보직으로 적성에 맞지 않고 마지못해 한다면 그 또한 불행이다.

순환보직제도를 정기적으로 실시하는 곳이 많아졌다. 이에 따라 직장을 다니면서 퇴직할 때까지 하나의 업무만 하지 않는다. 다양한 업무를 배우고 익혀서 경험 축적도 해 주고 조직을 바라보는 시야도 넓혀 주어 기여할 수 있는 바탕을 만들어 주고자 하는 것이다. 그러나 현실은 너무 자주 순환보직이 이루어짐으로써 전문가를 양성하는 것하고는 멀어지는 경향이 있다.

새로운 업무를 받았으면 최선을 다해 임해야 한다. 관련 규정도 숙지하고, 또한 서적도 탐구해 보고, 경쟁사는 어떻게 업무를 추진하는지도 파악해 보아야 한다. 실무를 진행하면서 관련 학회에서는 어떤 대안을 내놓는지, 해당 논문도 리뷰해 볼 필요가 있다. 이렇게 할 일이 많이 있는데 젊은 시절 업무를 넓게 보지 못하고 회사에서 주어진 일에만 몰두하였으니, 돌아보면 답답한 시절이었고 열정이 부족한 월급쟁이였음을 고백한다.

입사 후 자기 계발을 강조하는 상사를 만나 보지 못했고, 열정을 보이는 선후배도 다양하게 만나 보지 못했다. 대인관계의 다양성이 부족했음을 솔직하게 고백한다. 빨리 철이 들었으면 좋았을 텐데, 정신없이 주어진 업무 처리에만 급급했었다. 돌이켜 보면 맡고 있는 분야의 전문가라 생각한 것이 창피하다. 넓게 볼 줄도 모르고 시야가 좁으니 누가 진급을 시켜 주겠는가.

자신의 부족함을 알고 자기 계발의 중요성도 늦게나마 깨달아 업무와 관련 있는 분야의 석사 학위 과정에 입학해, 매일 같은 회사 사람만 만나다 외부에 있는 다양한 사람들을 만나서 동기 부여도 되고 인맥의 중요성도 배웠다. 학습을 통하여 업무의 시야도 넓어지고 책임감도 강해지고 용기도 생겼다.

조직은 끊임없이 변화를 통해 진화하고 발전하는데, 회사는 개인을 기다려 주지 않는다. 늦게 철이 들어 고군분투해서 이제 업무를 업그레이드할 수 있음에도 불구하고, 한 부서에 오래 근무했다는 이유로 다른 분야로 순환보직한다. 내게 새로운 업무가 주어졌는데, 완전 신세계 업무인 감정 노동 업무다. 고객지원센터로 발령이 난 것이다. 조직에 대한 충성도가 낮으면 고객 업무는 쉽지 않다.

다양한 소비자를 대면 또는 비대면으로 만나면서 스트레스도 심하지만, 업무와 관련된 학문을 공부하여 오십이 넘어 박사 학위를 취득했다. 학위 취득에 도움을 준 사람들은 많았지만, 소비자의 공이 크다. 신입 사원 때부터 사장처럼 생각하고 행동했으면 하고 아쉬움이 남는다. 더 좋은 방법은 어디에든지 있다. 절대로 말단 직원처럼 행동하지 말고, 사장처럼 행동하자. 그러면 행동도 마음가짐도 당당해진다.

꼰대가
그리운 시절

"라떼는 말이야."

대졸 공채 사원에게 고객센터의 중요성, 업무 내용들을 교육하는 자리인데, 젊은 사원들에게 그것보다 지금부터 제2의 인생을 선택하고 준비해야 된다고, 그렇게 하지 않으면 얇은 지갑이 미래에는 더 얇아질 수 있다고 강조하면서 자기 계발의 중요성을 강조했다. 젊은 사원들은 똑똑해서 잘 알고 있는 것이고 실천도 잘할 것이라 생각된다.

필자가 입사할 때 자기 계발의 중요성을 이야기를 해 주는 선배는

그래도, 직장

아무도 없었다. 그때 그런 선배가 있었다면 하는 아쉬움과 노파심에 젊은 사원들에게 꼰대 노릇을 했다. 어떻게 직장에서 생존할 것인가. 조직에서 버틸 것이 아니라, 변화하고 혁신하는 것이 중요하다. 적극적인 자기 계발로 고용사회에서 생존하고, 조직과 함께 성장해야 한다는 것이다.

계획 없고, 계획이 없으므로 실천도 없이 살아 보면, 그 후 알게 될 때는 너무 늦다는 것. 내 안의 나를 찾아보면서 강하게 채찍질하는 것이 중요하다고 강조하면서, 34년 전 필자가 신입 사원 때 나에게도 그런 이야기를 해 주는 꼰대가 있었더라면 스펙의 중요성을 빨리 깨닫고 성과를 내며 빡세게 일하면서 미래를 더 준비할 수 있었을 텐데 하는 아쉬움이 남는다.

철이 들지 않아 대학의 중요성도 몰랐다. 대학이 한 사람의 미래를 결정하는 가장 중요한 요소 중 하나임에 틀림없지만, 그렇다고 해서 과거로 돌아가기도 싫다. 이번 생은 틀렸다고 할 것이 아니라, 지금부터 자기 계발을 통해 미래를 준비하자. 스스로 길들여져 시키는 일만 하지 말자.

물론 불합리한 업무 지시도 윗사람 말만 잘 듣고 시키는 대로 하면 편해지고 잘 보여 진급에 도움이 될 수도 있겠지만, 그런 사람이 되기보다는 당당하게 잘못을 비판하고 대안을 내놓을 수 있는 사람이 되려면 전문가가 되어야 한다. 그런 사람이 경쟁력이 있는 거다. 직장은 유한한 반면, 직업은 무한하다. 대인관계, 인맥의 중요성, 글로벌 경제 여건 등도 살펴보고 끊임없이 학습하는 자세와 실천이 결국은 일자리를 지속적으로 유지하게 해 줄 것이다.

시대가 세대교체를 강조하고 있지만, 일자리를 잃는 순간 특히 나이를 먹어서 일자리를 잃어버리면 가정 경제를 회복하기란 쉽지 않다. 한평생을 직장 생활에 찌들어 꿈과 이상이 산산이 부서지면서 좌절을 맛보았더라도, 더 이상 나빠질 수 없다고 위안을 삼으며 행동해야 한다. 나중이 아닌, 바로 지금이다. 진정으로 해 보고 싶은 것을 노트에 펜으로 적어 보자. 마음속으로 한 약속을 적어 봄으로써 힘이 생길 것이다.

평균 수명은 점점 길어지는데, 기업의 최고 경영자는 점점 젊어지고, 임원도 과거에 비하면 너무 젊어지고 있다. 결코 조직에서 살아남는 것이 쉽지 않다. 지금 힘들다고 느낄 때가 바로 위기다. 조심하고 또 조심하면서 당당해야 위기도 무서울 것이 없다. 방심하면 집에 가는 것이다.

미래는 준비하는 자의 것이라는 말을 믿고, 뭐든 마음먹기에 달렸다고 생각하자. 전략적이고 유연한 사고를 갖고 기본에 충실한 전문 가가 되기 위해서 단순한 지식 습득을 넘어 경험을 겸비한 전문가가 되려 노력해 보자.

전문가란 한 분야에서 최소한 10년 이상 내공을 쌓은 사람들이 다. 한 분야에서 최고의 1인자가 되면 윗사람들에게도 당당해질 수 있다. 독서의 힘으로 커뮤니케이션을 키우면 자연히 지혜가 높아진 다. 지식도 중요하지만 지혜가 더 중요하다. 한 직급에 오래 있거나 나이가 많아 진급이 어려운 사람은 회사를 욕할 시간에 홀로 학습하 자. 꾸준히 하면 된다.

인생은 생각보다 쉽지 않다. 양질의 일자리는 많지 않고 구직자가 차고 넘치는 시대가 되었다. 직원들을 가족처럼 소중히 여긴다는 기 업도 있지만 현실은 매몰찬 경우 또한 많다. 구직자도 변해야 하고 재직자는 더 많이 변화하고 혁신해야 그 자리라도 보존할 수 있는 시대가 되었다. 자기 혁신만이 살길이다.

지키지 못하면 가정 경제도 어려워진다. 가족 구성원 전체에게 영 향을 미치게 된다. 남들과 더불어 살 때 경쟁력이 생기는 거다. 누구 를 밟고 올라선 자리는 찰나의 순간이다. 교세라를 세계 초일류기업 으로 키운 이나모리 가즈오는 이렇게 말한다.

"세상과 남에게 도움을 주는 것이 인간으로서 최고로 가치 있는 행위이다."

　무언가 남을 위해 베푸는 행위, 그것이 멋진 인생이고 가장 숭고한 것이다. 그럼에도 불구하고 직급이 높고 급여가 많은 것을 잘난 것이라 착각하여 상대방을 우습게 본다면, 기본이 안 된 것은 물론이거니와 자기 경영을 똑바로 하지 못하는 졸부나 다름없다. 자신에게 교만할 때 서서히 문제가 생긴다. 결코 그런 사람은 조직에서 살아남기 쉽지 않다.

　젊었을 때 꿈과 이상을 말하고 성공하기 위해 지속적인 자기 계발의 중요성을 이야기해 준 사람이 없었다. 남을 위해 자신이 가진 지식과 경험을 베풀며 긍정의 에너지를 말해 줄 꼰대가 그립다.

그래도, 직장

성공하는 리더에게
꼭 필요한 것

인생은 순식간에 흘러간다. 기득권을 계속 유지할 것이란 생각은 큰 오산이다. 언젠가는 기득권에서 물러날 수밖에 없다. 하물며 대기업도 경영을 잘못하면 망하지 않던가. 기득권자들은 직원에게 동기부여를 해 줄 수 있어야 하는데, 그래야 업무도 잘하고 자기 계발에도 열심일 수 있다.

"리더로서 성공하려면 직원들의 성장을 도와라."

제너럴 일렉트릭(GE) 전 회장으로 '세기의 경영인'으로 불린 잭 웰치의 말이다. 옳은 말이다. 매출, 영업 이익 등 숫자에만 일희일비하기보다는 직원들이 성장할 수 있도록 배려하면 더 높은 신장이 있음에도 불구하고 야박한 상사들이 있다. 자기 자신의 출세만을 위해 윗사람만 보이지, 아랫사람은 보이지 않기 때문이다. 직원 성장엔 관심 없어 조금만 실수해도 징계 운운하는 자는 높은 직위에 있다고 리더라 할 수 없다. 많이 베풀면 반드시 많이 받는다는 진리를 모른다.

그들은 높은 직위에 올라갔지만 그 자리까지가 한계다. 그런 사람이 조직을 떠나면 허무하기 이를 데 없다. 아무도 쳐다보지 않는다. 그런 선배, 후배들을 많이 보아 왔다. 진정으로 자기 생각을 강요하지 않고 합리적으로 공감을 얻어 가면서 베푸는 자가 리더이고, 우리도 그런 리더가 되어야 한다.

내가 기업에 몸담고 있는 한, 일할 때는 부하 직원들의 이야기를 잘 들어 주는 것이 필요하다. 비평할 수 있게 귀 기울여 주어야 한다. 철학자 플라톤은 자신의 제자 중 유일하게 아리스토텔레스를 인정했다고 하지 않던가. 그 이유는 아리스토텔레스가 제자이지만 가장 엄격하게 플라톤의 비판했기 때문이라고 한다. 특히 당신이 경영진이라면 절대로 기업의 내부 고객을 원수로 만들어서는 안 된다.

사회공동체에 좋은 일하는 기업으로 기억되고 공감을 얻는 것도

그래도, 직장

중요하지만, 내부 고객에게 비전도 제시하고 희망을 줄 수 있는 메시지가 있는 기업, 급여도 높고, 복지가 좋은 회사도 중요하다. 슬로건만 멋있으면 안 된다.

'함께 가요, 친구. 가장 가까이에서 힘이 될게요.'

이렇게 멋진 슬로건을 실천하는 것이 중요하다. 그런 회사가 되었으면 좋겠다. 그리고 당신이 그런 회사의 일원으로서, 부하 직원에게 비전을 제시하고 희망을 주며 베푸는 리더가 되었으면 좋겠다.

인간관계도
솔선수범

직장에서 살아남기 위해서는 인간관계도 중요하다. 즉, 기본이 중요한 것이다. 기본이 바로 설 때 희망도 내일도 있다. 인간관계는 어렵지 않다. 만나는 사람들을 고객처럼 대하고 응대하면 된다. 조직에서 동료들을 고객처럼 대해 보자.

마음이 아프지만 일하는 50대가 천만 명을 돌파했다고 한다. 나이가 들수록 양질의 일자리는 쉽지 않다. 그것이 현실이다. 대부분의 식품에는 유통기한이란 것이 있다. 직장인의 유통기한은 정년퇴직이다. 그러나 현실은 그마저도 쉽지 않다는 것이다. 최고경영자뿐만 아니라 그룹 회장도 우리 직원이 우리의 가장 큰 자산이라고 이야기하지만 현실과는 상당한 차이가 있다는 것을 느끼지 못하는 직장인은 없을 것이다.

필자는 실무자로서 맡고 있는 분야의 전문가이니, 누구든 궁금하면 실무자에게 물어보고 결정할 거라 생각했다. 큰 오산이었다. 실무에선 무슨 일이 일어나는지도 모르고, 외부 전문가의 말만 듣고, 경영자는 본인이 제일 똑똑하다는 판단 아래 실무자의 의견도 묻지 않는다. 즉 전문가로서 신뢰를 얻지 못한 것이다. 많이 반성하고, 열린 마음으로 듣고 보고 준비해야겠다는 생각이 들었다. 더불어 함께 근무하는 직원들에게 더 다정하게 대하고, 시키기보다는 스스로 해 봐야겠다고 다짐했다.

지방으로 종종 출장을 가면 항공이나 기차를 타고 가는데, 직원이 인터넷 예약을 해 준다. 물론 업무니까 당연하다고 생각했는데 이젠 출장 갈 때 직접 인터넷으로 예매하는 방법을 배웠다. 어렵지 않다. 충분히 직접 할 수 있다. 퇴직 후 항공이나 기차, 고속버스 등으로 여행을 갈 때도 큰 도움이 될 수 있다.

출근하기 위해 집 밖을 나오면 제일 먼저 엘리베이터를 타면서 마주치는 것이 카메라다. 자동차를 타도 카메라, 회사에 도착하여 주차장에 내려도 많은 카메라가 있다. 머리 위에 카메라가 너무나 많다. 업무할 때도 머리 위에 카메라가 있다는 생각을 갖고 인간관계를 진솔하게 해야 한다.

사내 출장을 갈 때 택시 타고 가면 막히긴 해도 편하다. 전철도 타고 버스로 환승도 해 보고 계단도 걸어 보면 어떤 것이 불편함을 주는지 몸소 실천해 볼 수 있다. 퇴직 후 매달 입금되는 돈이 없으니 택시비라도 아끼려면 조직에 몸담고 있을 때 전철이나 버스도 이용해 보자.

업무를 하다 보면 우체국이나 은행에 갈 때가 생긴다. 이런 일들을 직급이 낮은 직원이 하는 것이라 생각하면 오산이다. 하루 종일 의자에 앉아 있지 말고 가까운 우체국이나 은행 업무는 걸어가서 직접 처리하자. 나이를 먹을수록 몸을 움직여야 된다.

사무실에 들어올 때 최소한 7층 이내는 계단을 걸어서 올라가자. 처음에는 숨이 차고 힘들겠지만 자꾸 하다 보면 어렵지 않다. 대표이사가 찾지 않는 한, 걸어서 올라가면 체력이 좋아짐을 느낄 수 있을 것이다. 단, 내려올 때는 계단을 이용하지 말고 엘리베이터를 타라. 내려올 때 압력이 무릎 관절에 좋지 않다고 한다. 자발적으로 먼저 헌신하도록 해야 한다. 직원들의 능력을 최대한 믿어 주자. 나이를 먹을수록 솔선수범해야 한다.

외모, 그 작은 변화로
얻는 경쟁력

경쟁력은 어디에서 오는가. 당연히 다름에서 온다. 차별화해야 되고 창의력이 있어야 한다. 그것이 진정한 실력이고 경쟁력이다. 외모도 잘 갖추는 것도 경쟁력이다. 대충 옷 입고 신발도 잘 닦지 않고 허름해도 열심히 일만 하면 된다는 생각은 오산이다. 이를 위해서는 요즘 젊은이들은 어떤 스타일이며 무슨 옷으로 치장을 하는지도 살펴봐야 한다.

매달 직장에서 월급이 나올 때 나를 위해서 선물도 해 보자. 큰 것이 아니라 작은 것이라도 말이다. 깔끔하게, 단정하게 멋 내는 것이 결코 사치가 아니다. 외모도 경쟁력이다. 나만의 가치에 아낌없이 투자해 보자. 비싼 것이 아니더라도 자랑스러운 나에게 스스로 격려하고 선물도 주자. 경쟁력은 실력에서만 오는 것이 아니라 당당한 옷매, 단아한 모습, 깔끔한 이미지 등 외모에서도 온다는 것을 결코 잊지 말라.

비싼 명품으로 치장하라는 의미가 결코 아니다. 자기 개성에 맞게 깔끔하게 옷을 입고, 머리도 단정하게 하자. 잘 정리된 사람이 준비되어 있는 사람이고 경쟁력도 있는 것이다. 그리고 경쟁력이 있어야 미래도 있고 희망도 있다. 긍정적인 마음가짐을 갖게 되고 혁신적으로 일하는 방법도 알게 된다. 당신이 희망이다.

더 좋은 사람들과 지속적인 관계를 갖는 것이 매우 중요하다. 지속적인 개선보다 중요한 것은 없다. 쉬운 말로 표현하면 '변화'다. 익숙한 것은 물론 편안함을 준다. 그럼에도 불구하고 개선하고 변화하지 않으면 경쟁력도 잃고 사람도 잃는다. 사람이 희망이니, 조금씩 천천히 변화의 길로 한 걸음을 걸어 보자. 시작이 반이라 했으니 변화를 통한 경쟁력은 멀지 않다.

"그렇지만 변화하기에는, 새로운 것을 배우기에는 너무 늦었어.
나는 이미 늦었어."

그래도, 직장

과연 그럴까? '그렇지 않다'가 정답이다. 100세 시대를 넘어 120세 시대라고까지 하지 않는가. 이제 무엇을 배우고 익히는 데 결코 늦지 않다는 것을 알 수 있다.

젊은이들의 스타일을 눈여겨보는 것, 그리고 단정한 옷차림과 깔끔한 이미지를 갖추는 것. 이렇게 조그마한 것도 변화해 보는 것이 바로 경쟁력이다. 경쟁력이 생기면 자신감과 열정도 생긴다. 자신감과 열정은 사람을 기쁘게 해 주고 긍정적인 변화를 준다. 그렇게 키운 긍정의 힘이 당신의 경쟁력도 높이고 미래에 대한 희망도 선사할 것이다.

나는 아직
건재하다

아무리 노력해도 계층 이동이 어렵다고 하소연하고 있다. 그만큼 부도 권력도 점점 세습화가 심화되어 가고 있다. 기업에 기여했어도 나이를 먹으면 고령자다 명예퇴직이다 운운한다.

이렇게 슬픈 단어들이 즐비하지만 그것이 지나가면 기쁨이 찾아 오게 마련이다. 지금도 늦지 않았다. 기쁨을 맞이하려면 긍정적인 자 세로 지금부터 준비하자. 인생이 너무나 길기 때문에 당장 준비해야 한다. 나 자신을 위해서, 그것이 바로 나에게 살아가는 이유가 되어 주기 때문이다.

입사가 늦은 후배가 먼저 진급해서 잘난 척해도, 강한 질타가 들어와도 결코 화내지 말고 당당하게 임하자. 직장은 짧고 직업은 길다. 그러므로 실력을 쌓는 것이 무엇보다 중요하다. 입사와 동시에 실력 향상을 위해 준비했다면 금상첨화겠지만, 정년퇴직을 할 수 있는 사람이라면 더 열심히 성과를 내면서 일해야 된다. 왜냐하면 직장을 나오면 보호막이 없어지고 조직 밖은 아수라장이기 때문이다. 업무에 능통한 전문가만이 그곳에서 살아남을 수 있다.

입사 이래 되는 일이 없다고 한숨 쉬었지만 이제는 더욱 어려움에 처한 40, 50대에게 고한다. 절대로 희망의 끈을 놓아서는 안 된다. 미래는 먼저 시작하는 자의 것이다. 노년도 대비해야 한다. 곧 멀지 않아 임금피크제 대상이 되고 급여도 업무평가에 따라 차별 지급도 심해질 것이다.

미래를 준비하기 위해서는 다양한 방법을 찾아야 한다. 지식도 배워야 하고 끊임없이 학습해야 하며 배운 지식을 활용할 수도 있어야 한다. 지속적으로 배우지 않으면 쇠퇴할 수도 있다. 건강을 위하여 규칙적인 생활은 물론이지만 정기적으로 운동도 해야 된다. 가벼운 산보도 좋고, 등산, 유산소 운동, 필요에 따라서는 근력운동도 중요하다. 꾸준히 하는 것이 답이다.

또다시 강조하건대 항상 긍정적으로 말하고 생각하라. 잘될 거라고 생각하고 준비하면 정말로 잘된다. 부정적인 생각은 버려라. 그것이 나를 발전시키는 원동력이다. 인생에서 성공하지 못했더라도 꾸준히 긍정적인 생각을 한다면 나도 모르게 얼굴이 밝아져 타인에게 신선한 느낌을 준다.

요즘은 출근의 형태도 다양해져 근무유연제를 실시하는 기업들이 많이 생기고 있고 재택근무도 많다. 다양하게 근무 형태를 실천하는 곳들도 많아졌지만 아직도 아침에 출근하는 기업들이 보통이다. 직장에 출근하는 일, 산업전선에 나가는 일은 녹록하지 않지만 나이가 많다고 생각하는 사람은 그래도 정년까지는 반드시 살아남아야 한다.

오륙도 소리를 들어도 상관없다. 새로운 시대에 수많은 정보들을 배우지 않으면 쇠퇴해서 밀려날 수밖에 없다. 꼰대 소리만 듣지 않도록 배움을 습관화하도록 해야 한다. 퇴근 후 대형서점도 한 번쯤 가보고 어떤 책들이 회자되고 있는지 관심을 가져야 한다. 나이 먹었다고 말하는 사람에게 아직 건재하다는 것을 보여 주자.

그래도, 직장

임원에게 무엇보다
필요한 것은

　많은 직장인은 내일에 대해 불안감을 느끼고 있다. 불안감을 느끼는 이유는 수입이 줄고, 오래 일하기 어렵고, 업무량이 많고 체력이 떨어지고, 스트레스도 심하기 때문이다. 그런데 불안감을 가지면 건강에도 좋지 못한 영향을 미친다.

　직원은 임원보다 좋은 것도 별로 없다. 그래서 빡세게 열정과 노력을 통해 임원이 되려고 하는 것 아니겠는가. 그렇다고 이제 와서 후회한들 무슨 소용이겠는가. 지금이라도 변신하고 독서하고, 많이 생각해 보라. 남과 다른 생각을 하는 힘을 갖도록 해야 한다.

많은 대기업 임원들이 40대고 대표이사가 50대에 탄생하고 있지만, 나이가 많다고 못할 것이 없다. 창의적인 아이디어를 생각해 보고 업무 몰입도를 높여 획기적인 경영 실적을 올릴 수 있도록 누구 못지않게 노력하자. 세월이 간다고 해결되는 것이 아니라, 창의적인 문제 해결 능력을 키워야 한다.

기업에서 종사하는 직원을 나누어 보면 임원과 사원으로 쉽게 분류해 볼 수 있다. 최근 대기업에서 40대 임원들이 탄생하고 있으며 대표이사 또한 50대에서 쉽게 찾아볼 수 있다. 평균 수명은 점점 길어져 가는데 임원들의 나이는 젊어지고 있다. 젊으니까 유연하고 추진력도 좋다고 한다. 그런 임원들은 사원과는 분명 다른 무언가가 있다는 것을 알 수 있다.

그런 이유로 임원들은 조직에서 자신이 너무나도 잘하고 있다고 믿는 경향이 있다. 고과제도 오류 중에 관대화 경향을 너무 믿어서는 안 된다. 기업에서 임원이 된다는 것, 분명 임원이란 기업의 꽃 중의 꽃일지 모른다. 그래서일까? 임원이 되면 일부는 완장을 찬 것처럼 행동하는 경향을 보인다.

잘 생각해 보라. 임원이 되면 대단한 사람인 양, 그리고 대단한 능력이 있어서 임원이 됐다고 오해하는 사람들이 있다. 물론 임원이 된

것에 대해서는 대단한 능력이 있음을 인정해야 된다. 그러나 이는 겸손하지 않음을 의미한다. 겸손하고 경청하는 일, 그것 그 무엇보다 임원에게 요구되는 중요한 요소이다.

잘 생각해 보면 임원이라고 뭐든지 생각대로 할 수 있는 것이 아님을 알아야 한다. 왜냐하면 임원의 명줄은 회장이나 사장이 쥐고 있는 것이 아니라, 사실상 부하 직원이 잡고 있기 때문이다. 그만큼 소문은 가까운 곳에 있다는 말이다.

용서하되
잊지는 말자

아무리 뛰어난 사람도 항상 잘나가는 것은 아니다. 인생에는 굴곡이 있게 마련이다. 좋을 때도 있지만 어려울 때도 많지 않던가. 고난이 닥쳐와도 이겨 내야 된다. 치사해도, 아니꼬워도 그것들을 이겨 내면 또 좋을 때가 올 수 있기 때문이다. 살아 있는 한 희망이 있다고 하지 않던가. 그런데 주위에서 하는 말들이 다른 사람을 통해 귀에 들려온다.

"나이가 많네, 보직 해임시켜야지. 이번 정기인사 때 다른 곳으로 보내야지. 막말로 잘라야 하는데…."

그런 말이 들려와도 절대로 분노해서는 안 된다. 월급쟁이를 하든 자영업을 하든 인생에서 넘어지는 날은 있다. 참고 이거 내면 된다. 하나하나 대응할 필요 없다. 그리고 이를 발판 삼아 본인의 장점과 단점을 모두 적어 보자. 조금만 자신을 변화해 보자. 다른 누가 내게 무슨 말을 해도, 자기 자신을 우습게 알면 절대로 안 된다. 긍정적인 생각을 갖고 행동해야 된다.

조직에서 강하게 압박해도, 사람 위에 사람 없고 사람 아래 사람 없는 것 아닌가. 나이가 많다는 이야기를 들어도 늦지 않았다. 지금 부터 준비하며 누가 인생을 더 행복하게 보낼지는 아무도 모른다. 화가 나도 막말을 하는 사람을 용서해 주자. 그래야 다시는 그런 인간을 만나지 않는다.

"죄송합니다. 미안합니다. 송구스럽습니다."

고객센터에서 근무하면서 필자가 업무에서 제일 많이 한 말이다. 그리고 소비자와 대화 끝나면 이렇게 마무리한다.

"고맙습니다. 이해해 주셔서 감사합니다."

본인을 낮출 때, 의외로 잘 풀린다. 작은 불만들이 모이면 조직은 어려움을 당한다. 사람을 챙겨야 한다. 업무를 할 때 느긋하게 해 보자. 불평불만을 버리자. 감사하는 마음이 중요하다. 아름다운 마음을 가져 보고 막말하는 그들을 불쌍히 여기면 된다.

직장을 졸업해야겠다고 무조건 버티면 된다지만 쉽지 않다. 치사한 것들이 많다. 주위에 무책임한 예스맨투성이다. 듣기 싫은 소리도 할 줄 아는 사람이 있어야 하는데 점점 아쉽다. 그러나 조직에서 업무상 불이익을 당하고 피해를 보았는데도 항의하지 못함은 비굴함이 아니다.

'내일은 좋아지겠지. 직장을 오래 다녀야지. 참아야지.'

좋은 자세다. 그렇지만 그것으로 끝난다면 안 된다. 한 걸음 더 들어가 변화하고 혁신해야 된다. 업무상 불이익을 준 사람들을 기억하자. 그가 내게 이렇게 한 것은 억압하고 힘들게 하려는 것이 아니라 나에게 변화와 혁신을 하라고, 그리고 업무 성과를 높이라고 그렇게 한 것이라 생각하면 좋다. 그것이 바로 긍정의 힘이라고 할 수 있다.

말도 안 되는 불이익을 준 사람은 절대로 잊어서는 안 된다. 그래야 그들을 통하여 나는 결코 그런 사람이 되지 않을 것이라는 마음을 갖게 되고 실천할 수 있게 되는 것이다. 그게 바로 진정 배우는 자세이다.

'오십보백보'라는 말이 있다. 현직에 있을 때 계급이 깡패라고 하는데, 조직을 떠나면 모두가 같다. 사장도 부장도 똑같은 동네 아저씨, 아줌마다. 그럼에도 불구하고 불이익을 준 그들은 영원히 퇴직하지 않고 조직에서 살 것으로 생각하는 경향이 있는데, 오산이다. 모두 조직에서 떠난다. 오너도 언젠간 떠나는데 고용된 사람은 말할 것도 없다.

많은 기업들은 연초가 되면 올해도 어려운 한 해가 될 것이라 한다. 그렇게 매년 어렵다고 한다. 그런 이야기가 조직원들에게 긴장하라는 경고일지도 모른다. 절약하라고, 낭비 요소를 제거하라고. 전적으로 옳은 말이다.

그러나 경영 수치가 악화되고, 개선이 안 되면, 미래가 불확실하다고 권고사직, 명예퇴직을 시킨다. 인건비를 줄여 보자는 이야기다. 쉽게 말해 명예퇴직이지, 회사에서 자른 거다. 그나마 금융·보험업에 종사하는 사람은 보상금이 제조업보다는 많으니 위안이 될지도 모른다. 그에 반해 제조업은 터무니없이 위로금이 적다. 때로는 없을 수도 있다. 상상이 안 되는 금액이다.

그러니 방법은 하나다. 직장에서 오래 남아 있는 것. 그것이 비록 유일한 대안은 아닐지 모르지만, 그래도 정년퇴직할 수 있도록 해 보는 것이다. 쉽지는 않지만 조직에 몸담고 있을 때 스스로 혁신하고 변화하면 된다. 내가 좋아하는 일이 무엇인지, 무엇을 잘할 수 있는 것인지를 지금 이 순간 고민하고 또 고민해야 된다. 그리고 고민한 내용을 종이에 적어 보고 그것을 토대로 실천해 보는 것이다.

지금 가장 중요한 것은 실천하는 것임에 틀림없다. 일단 한번 해 보자. 불이익을 준 사람들은 내가 행동하고 실천하는 순간, 두려움을 느낄 것이다. 그런 자를 용서는 하되 결코 잊지는 말자.

그래도, 직장

상처 주지 않는
관계의 중요성

조금만 과거를 돌아보자. 입사 때 가장 뜨거운 열정이 있었고 매일매일 새로운 것을 배웠다. 학교에서 배운 것을 모두 잊고 새로운 실무를 익히며 얼마나 치열하게 생활했던가. 때로는 상사에게 질타를 받았을 때, 그 상처가 마음속에 깊이 새겨져 잊히지 않았다.

돌아보면, 실력도 중요하지만 소위 말하는 대인관계의 중요성이 더 필요하다고도 느낀다. 지금 생각해 보면 그 당시 부서장에게는 큰 두려움이 있었던 것 같다. 회사 돌아가는 상황이나 정보에 대해서 말해 주지 않는 것이었다. 실력이 당당하지 못한 것일지도 모른다.

필자는 고객센터 책임자로 근무할 때 함께 근무하는 동료들에게 절대로 상처를 주지 않으려고 노력했다. 그 이유는 소비자 상담 시 받는 스트레스가 이만저만이 아니기 때문이다. 감정노동을 한다는 것은 결코 쉽지 않다. 사장이나 임원들이 화가 난 소비자의 클레임 전화를 받아 보면 쉽게 알 수 있을 것이다.

솔직히 고백하건대 언어로 필자가 가장 많이 상처를 준 사람은 우리 가족이었다. 어떤 말을 해도 가족이니까, 이해해 줄 거라 믿었다. 하루 종일 산업현장에서 힘들게 전투를 치르고 왔으니, 더구나 악의 없이 한 말이니 더욱 이해해 줄 것이라 믿었다.

그러나 그건 착각이었다. 필자는 아이들에게 상처 준 말을 기억하지 못했으나, 성인이 된 우리 집 아이들은 그 말들을 기억하고 있으니 말이다. 상처 주려고 의도해서 한 말이 절대 아니었다. 잘되라고, 멋진 사람이 되라고 한 말이었음에도 불구하고, 잘못되었음을 안다.

식품사 고객센터에서 근무하고 있는 필자는 하루 종일 소비자에게 "죄송하다. 미안하다. 다시 한 번 사과한다."고 하면서 품질 좋은 제품과 서비스를 제공하기 위해서 노력하겠다고 읍소한다. 그리고 관련 내용을 해당 부서에 피드백해서 개선하도록 하였으며, 또 개선 내용을 소비자에게 설명했다. 그러면서 정작 우리 가족에게는 말로 상처 준 것에 대해 이해해 줄 것이라 막연히 생각한 것이다. 나의 생각이 옳지 않았음을 안다.

조직을 떠나면 반겨 줄 사람은 가족밖에 없다는 것을 알아야 한다. 가족에게 소비자보다 더 친절했어야 했다. 소비자에게 즉시 사과한 것처럼, 내가 잘못했을 때 바로 사과하는 것. 가족뿐만이 아니다. 함께 근무하는 동료들에게 상처를 주지 않도록 배려하고 노력해야 하며, 만일 상처를 주었다면 즉시 사과하자.

절대로 그 누구에게도 상처 주지 않아야 한다. 인생 결코 길지 않다.

미안합니다,
감사합니다

기업은 품질 좋은 제품을 생산해야만 고객에게 사랑받고 생존할 수 있다. 물론 디자인도 중요하다. 그래야 고객 만족을 높이고 수익성과 주주 가치, 기업 가치 등 기업 성과를 높일 수 있다.

제품이 출시될 때 기본적으로 기업은 설계상·제조상·표시상의 결함이 없어야 한다고 직원들에게 강조 또 강조하고 있다. 그럼에도 불구하고 식품에서 발생되는 리스크로는 물리적인 인자, 화학적인 인자, 생물학적인 인자가 있다.

이런 불합리한 인자들이 발생하면 고객은 기업의 고객센터에 문의한다. 고객센터는 소비자상담실, 고객행복센터, 서비스센터, 콜센터, 고객만족팀, 고객상담센터 등 다양한 명칭으로도 불리지만 모두 고객의 불편을 해결해 주기 위해 운영하는 곳이다. 고객 관계 관리의 중요성을 알기 때문이다.

특히 그곳에서 근무하는 직원들은 고객을 대하는 자세와 마음가짐, 태도가 중요하다. 고객에게 불편을 준 것에 대한 사과, 그리고 서비스의 중요성을 이해해야 한다. 서비스를 기업의 경영철학으로 보는 견해가 서비스 지향성이다. 직원과 고객 간의 상호작용에 영향을 미치는 일련의 태도는 매우 중요하다.

제품에 문제가 있을 때 발생되는 클레임을 '1차 클레임'이라 하고, 때로는 고객을 방문하여 사과하고 해명하는 과정에서 발생하는 '2차 클레임'도 있는데 여기서 문제 해결의 더 큰 어려움이 있다.

많은 기업들의 고객센터는 수도권에 위치하고 있어서, 지방에 거주하는 고객을 방문할 경우에는 고객과 가까운 근무지인 영업소 또는 지사에서 고객을 방문한다. 그들 직원은 주로 판매와 관계가 깊어 클레임을 제기한 고객 응대에서는 어려움을 느껴 종종 2차 클레임이 발생하기도 한다. 그렇다고 지방에 거주하는 고객을 고객센터 근무자가 일일이 방문하는 것도 현실적으로 쉽지 않다.

2차 클레임 방지를 위해서 중요한 것은 끊임없는 교육이다. 직원에 대한 소비자 상담의 중요성과 필요성을 강조하는 것이다. 우리 기업도 오래전부터 지속적으로 영업소에 방문하여 소비자 상담 교육을 실시하고 있다.

"제발 고객의 말을 귀담아들으세요. 상대방의 입장에서 생각해 보세요."

사과는 고통스럽고 치사한 경우도 있지만 가장 중요한 것은 진솔한 사과다. 사과가 어렵다고 생각하면 안 된다. 진정 어린 사과를 하고 친절함을 베풀어야 고객의 재구매가 이루어진다. 우리에게 월급을 주는 사람은 회장, 사장이 아닌 고객이다. 고객이 우리의 제품을 재구매해 주지 않으면 기업은 생존할 수 없기 때문이다. 그런 고객의 소리, 즉 V.O.C를 최고 책임자가 바로 듣는다면 고객센터의 중요성을 온몸으로 알 것이고, 아쉬운 점을 개선하려는 의지는 CEO가 해야 된다.

업무를 하면서 가장 많이 쓰는 단어는 "죄송합니다. 미안합니다. 송구스럽습니다." 그리고 마지막으로 고객이 잘 이해해 주면 "감사합니다."이다. 오프라 윈프리는 말한다.

"나는 '고맙습니다. 나는 진실로 복 받은 사람입니다.'라고 말하지 않고 지나간 날이 단 하루도 없다."

누군가에게 들은 이야기가 있다. 미국의 갑부들이 가장 많이 사용하는 단어가 "미안합니다. 감사합니다."라고 한다. 직원들에게 우리가 가장 많이 쓰는 단어이니, 우리도 머지않아 갑부가 될 수 있을 거라고 웃으며 말했다.

문제 해결의 첫걸음,
경청

2020년 전 세계를 연일 강타하고 있는 코로나19. 단순한 무서움을 넘어 공포심까지 만들고 있다. 사회적 거리 두기의 중요성을 이야기하고 경제가 제대로 돌아가지 않아서 살기 어렵다고 아우성이다. 유명한 관광단지에도 사람들의 발길이 많이 끊겼다. 언론은 연일 IMF 때보다도 경제가 더 어렵다고 한다. 폐업하고, 종업원을 해고하고⋯. 경제 대란임에 틀림없다. 전 세계 여행도 자유롭게 다니기가 쉽지 않다. 많이 우울하고 불편하다.

그러나 이불 속에 누워서 걱정만 해서는 안 된다. 그리고 긍정적인 생각과 적극적인 자세가 중요하다. 부정적으로 말하면 말한 대로

그래도, 직장

그렇게 된다. 긍정적으로 생각하면 좋은 일이 일어난다. 긍정의 힘이 중요한 이유다. 불평불만을 이야기하고 못해 먹겠다고 푸념할 시간에 뭐든 해 보자. 문제점이 생기고 잘 되는 일이 없을 때 외부 요인을 탓하는 것이 습관화되어서는 안 된다.

"가장 중요한 것은 문제 해결이다."

빌게이츠의 말이다. 직장인에게 있어 문제 해결을 위해 가장 중요한 것은 동료들의 이야기를 들어 주는 것이다. 경청이 그만큼 중요하다는 뜻이다. 그런데 스스로 잘 준비하여 업무 능력을 통하여 실적 등을 과시하고 내 이야기를 잘 들어 주기를 바라면서도, 상대방의 말을 제대로 듣지 않는 사람들이 많다. 직책을 가지고 있을 경우엔 더더욱 그렇다.

말하는 것보다 듣는 것이 절대적으로 유리하다. 상대방의 말을 듣는 건, 이해도 중요하지만 대답을 하기 위한 것임에 틀림없다. 당장 하고 싶은 말이 있어도 참고 잘 들으면 인간관계가 더 좋아진다. 더 많이 들어야 한다. 경청도 훈련이 필요하다. 방법을 배워야 한다. 잘 준비하고, 기회가 왔을 때 보여 주어야 한다.

필자는 고객센터에서 업무를 하면서, 심하게 싫은 소리를 하는 소비자 갑질을 많이 경험했다. 국민청원, SNS, 언론사 제보를 운운하면서 사장 바꾸라고 말하는 사람이 이만저만 많은 게 아니다. 통화를 듣다 보면 계속 일할 수 있을까 하는 생각도 든다. 정신적인 스트레스가 요구되는 힘든 업무이고, 자기 통제 능력이 높이 요구되는 업무이다.

그런데 소비자의 불만을 끝까지 충실히 들어 주면 의외로 간단히 해결되는 경우도 있다. 비록 소비자가 원하는 대로 문제가 해결되지 않더라도 그저 잘 들어 주기만 하면, 소비자 스스로 어느 정도 만족감을 느낀다는 것을 알 수 있다. 결국 중요한 것은 경청이라는 점이다.

또한 다른 사람에게 베풀면 반드시 돌아온다. 친절함이 중요하다.

그래도, 직장

끝까지 일하게
하는 힘

필자도 지금 엄청 힘들게 직장 생활을 하고 있다. 그러나 동료들은 정년을 넘어서까지 다닐 수 있다는 것이 행운을 넘어 대단한 것 아니냐고 한다. 34년 넘게 한 직장을 다니고 있는데 아직도 일을 하고 있으니 얼마나 성공한 것이냐고 한다.

그러나 지금 생각해 보면 젊은 시절, 상사에게 조금 더 친절하고 겸손하고 적을 만들지 않았더라면, 그리고 양보하고 열과 성을 다하여 좀 더 일찍 자기 계발에 더 적극적으로 했더라면 나의 미래도 달라졌을 텐데 하고 후회도 되지만, 과거에 연연할 수만은 없다.

지금 나이 든 사람들 절대로 기죽지 말고, 의기소침하지 말고 절대로 좌절하지 말자. 살아 있는 것에 감사하고, 살아 있으면 다시 시작할 수 있다. 조직에서 상사가 들이대도, 이제라도 참고 견디면서 노력하다 보면 언젠간 반드시 좋은 날이 온다.

세상은 하루하루 다르게 변해 가고 있다. 중요한 건 내가 변해서 나 자신을 이롭게 만드는 거다. 우리가 힘들어도 이 자리에 있는 것은 끈기와 건강 덕분이며 자기관리 잘하면서 열심히 생활하고 있기 때문이다. 또한 당신이 도와주신 덕분이다. '덕분이다'를 잊지 말자. 도와주는 분들이 있어서 필자는 매년 5월에 종합소득세 신고를 할 수 있었다.

입사 후 34년을 넘게 한 직장을 다니고 있다고 했는데, 하루하루 다양한 사례를 접하면서 열정을 버리지 않고 있다. 급여가 많은 편은 아니지만 만 55세까지는 정상적인 급여를 받다가 그 이후부터 임금피크제를 적용하여 매년 순차적으로 급여가 줄어든다. 필자는 임금피크제로 인해 급여가 40% 줄었다. 그럼에도 불구하고 나이가 먹어 갈수록 정년퇴직을 해야겠다는 생각을 한다.

주위를 돌아봐도 이제는 내 또래가 없다. 하나둘씩 회사를 떠나갔다. 명예퇴직, 권고사직 등 무시할 수 없다. 대부분 정년퇴직을 못하는 사람은 의원사직도 있지만, 그들은 떠나면서 필자에게 끝까지 남아야 된다고 한다. 마음이 먹먹해진다. 끝까지 조직에서 남아 있어야 후배들에게도 용기를 줄 수 있다고 한다. 그러나 잊지 말아야 할 것이 있다. 지속적인 자기 계발 없이 살아남을 순 없다는 것이다.

필자는 고객센터에서 근무하고 있는데 매일 전화와 대면을 통하여 다양한 소비자를 만난다. 소비자의 이야기를 들으면서 어떨 땐 답답하다. 근로자에게 중요한 근로기준법이 있듯이, 보상에 대해선 참고할 수 있는 소비자분쟁해결기준이 있다. 그러나 소비자의 생각은 그 규정보다도 다양하다. 오늘 또 새로운 사례를 공부하고 있다.

대학에서 강의할 때나 학회, 관련 단체에서 특강도 하고 있다. 업무에서 만난 다양한 소비자 사례가 큰 도움이 된다. 대부분의 회사가 연말정산을 하고 있지만, 기업에서 받은 연봉과 외부에서 받은 강의료를 합하여 매년 세무서에 종합소득세 신고를 다시 한다.

코로나19 때문에 대면강의도 못해 보고 비대면인 동영상 및 줌 (Zoom)을 이용한 강의를 하는데 무척 힘들다. 엄청 고생하고 있다. 그렇게 고생해서 받은 강사료에 대해 세금까지 내야 된다. 하지만 소득이 있는 곳에 세금이 있지 않은가. 강의 일을 할 수 있게 도와준 분들 덕분이다. 5월엔 세무서에 종합 신고를 하러 간다. 사무실에서 가까운 거리에 있다. 빠른 걸음으로 걸어 보았다.

걸어오는 인도 옆에는 많은 상점들이 있는데, 자세히 보니 문을 열어 놓고 있다. 모두들 열심히 일을 하고 계신다. 철공소 작업장 안에서 작업자가 나오더니, 필자를 보자 웃으면서 인사를 건넨다. 일면식도 없는 처음 보는 사람인데, 필자도 고개를 숙여 인사를 했다. 기분이 좋다.

그래도, 직장

위기가
의지를 만든다

'삼성 60대 CEO 대거 용퇴, 50대 현장전문가로 세대교체'

매일 경제 신문 2020년 12월 9일 A17면에 있는 타이틀이다. 시중에 삼성이 하면 표준이 된다는 말이 있다. 동의하지 않지만, 많은 기업들이 쫓아간다. 나이는 숫자에 불과하다고 주장하지만, 나이 많은 사람들은 현실이 녹록하지 않다.

몸담고 있는 기업도 많이 변했다. 필자가 몸담고 있는 기업은 높지 않은 임금, 약간의 복리후생 제도를 갖고 있지만 직원들은 서로 협력하는 분위기였다. 평생직장이었기 때문일 거다. IMF 때에도 떠나

보낸 사람을 찾아볼 수 없었다. 지금은 어떤가. 세상이 많이 변했고, 기업도 변해 간다. 한 직급에 오래 있거나 나이가 많으면 진급에서 배제된다.

그렇다고 진급에서 배제됐다고, 예외도 없다고 한탄만 하고 있을 것인가. 아픈 것도 슬픈 것도 심지어 기쁜 것도 쉽게 드러내지 말고, 어려움이 있더라도 그 어려움 속에 준비된 자는 기회가 찾아올 거다. 절대로 나이 먹었다고 쫓아내질 못할 거다. 변해야 한다.

한편으로, 다른 기업에서 한다고 똑같이 쫓아갈 필요가 있을까 싶다. 우리 기업만의 독특한 문화가 중요한데, 아쉽다. 식품산업, IT 산업, 중화학, 서비스 산업 등 산업마다 특성이 있고, 매출단위와 영업이익 등 규모의 경제가 다르지만, 중요한 것은 사람이지 않은가.

그럼에도 불구하고 현명한 사람은 진심으로 미워하지 않는다. 자기중심적 사고를 가져 보자. 늦게 철이 들어 나이 먹었어도 뛰어난 능력, 훌륭한 인품을 키워 보자. 잘 안 된다고 한탄만 해서는 절대 안 된다. 긍정적인 사고를 갖고, 하고 싶은 것, 좋아하는 것을 지금 시작하자. 그리고 직장에서 살아남으려면 맡은 업무에서 전문가가 되어야 한다. 버틴다고 전문가가 되는 것이 아니다.

의외로 인생이 길다. 살다 보면 별의별 사람을 만난다. 직장에서 때로는 나를 칭찬하는 사람도 만나고, 악하게 하는 상사도 만날 수 있다. 그러나 전문가가 되어야 한다. 전문가는 쉽게 만들어지지 않는다. 오랜 시간에 걸쳐 이루어진다. 맡은 분야의 국가자격증을 취득하거나 관련 분야 학위를 갖고 있도록 해야 된다.

필자는 모범사원상도 타 보고, 식약처장의 표창도 받아 보았다. 해당 분야 국가면허증도 취득하고, 관련 분야 박사 학위도 취득하면서 자기 계발을 하고 동료들에게 전파하고 기회를 줄 수 있도록 배려하였다.

한번은 고객센터에 근무하면서 임원이 신속하게 업무 처리를 제대로 못한 부하 직원에 대해 징계하겠다고 하여 마음이 착잡했던 적이 있다. 그래서 해당 직원을 징계하지 말고, 책임자인 필자를 징계하라 했다. 그때 30년 넘게 근무하면서 직장에서 경고 및 인사고과 C를 처음으로 받았다.

당사는 인사고과가 S, A, B, C, D 5단계로 나누어서 급여, 상여금, 성과급 등을 차별 지급한다. 급여가 높은 업종이 아님에도 불구하고 안타깝다. 아무리 생각해 봐도 고객의 불평을 직원 징계 수단으로 사용하는 것에 동의할 수 없다. 아무리 직급이 깡패라 해도 잊을 수 없다. 용서가 안 된다.

그렇다고 속으로만 끙끙 앓을 필요가 없다. 잊지는 말아야 하지만, 징계한 사람을 원수로 삼아서는 안 된다. 그걸 계기로 자신을 한 단계 발전시킬 수 있는 계기를 만들어야 한다. 부지런한 사람은 누구도 어쩔 수 없다. 시련은 있을지언정, 위기를 겪어 보면 다시 해 보겠다는 강력한 의지가 생긴다. 소비자 상담을 위해서 고객의 소리에 더욱 집중해야겠다는 강한 의지가 생긴다.

다양한 분야를 이해해야 함을 알았고, 팩트만 가지고 세상을 사는 것은 아니라는 것을, 인문학적 사고가 중요함을 온몸으로 느낀다. 먹거리인 식품은 폭넓은 이해관계가 있음을, 그리고 신뢰가 중요함을, 소통이 잘 되지 않으면 팩트만 강조하는 전문가보다는 소비자 누구나 쉽게 이해할 수 있도록 설명하는 것이 중요함을 느낀다.

회사에서 서면 경고도 받고 임금피크제를 실시 중이어서 급여도 많이 줄었는데, 거기에다 인사고과가 나빠 급여, 상여금 등이 삭감되었다. 그럼에도 불구하고 그 일을 잊고 소비자에게 최선을 다했다. 비판하는 것보다 긍정의 마인드가 중요하다고 생각했기 때문이다.

언제까지 회사를 원망만 할 것인가. 긍정으로 생각해 보라. 다시 뛸 수 있는 기회다. 직원 관리 미흡이라는 이유로 경고를 받고 힘들었지만 '돌이켜 생각해 보면 전적으로 필자 책임이다.'라고 인식하고 심기일전하여 업무를 돌아보고, 내가 맡은 일을 즐기며 변화를 이루고 실천하는 것이 중요하다.

아무것도 하지 않으면 경고를 받지 않을 수 있다. 그러나 아무 일도 일어나지 않는다. 위기를 기회로 삼아 의지를 다지자. 필자도 생각을 바꾸어 심기일전한 덕분에 소비자의 날에 국무총리 표창을 받을 수 있었다.

일하고 있음이
나는 즐겁다

절대적으로 누구에게나 친절함을 유지하여야 된다. 겸손해야 한다. 자기 자신의 평판에 대해서 너무 걱정할 필요 없다. 내 이야기가 다른 사람을 통해 들어와도 그 친구는, 남 말하기 좋아하는 사람이라고 생각하면 그뿐이다. 나이를 먹을수록 근무 기간이 길수록 모범을 보여야 된다. 그래야 내가 듣고 싶은 말보다는 반드시 내가 꼭 들어야 할 말을 해 줄 사람이 생기는 거다. 난 그렇게 말하는 사람에 대해 고마움을 안다.

직원들이 최고의 성과를 낼 수 있도록 사무실 정리정돈, 청소를 시작했다. 아주 개운하다. '지쳤다. 쉬고 싶다.' 생각해 보지만 현실은 녹록하지 않다. 34년을 넘게 직장 생활을 하고 있는데도 현실이 그렇다.

나 스스로 너무 늙었다고 생각하지 않지만, 그렇게 말하면 이미 꼰대라 할 수도 있다. 하지만 아직은 아니다. 밖으로 나가 보라. 바쁜 사람처럼 빠르게 걸어 보고 뛰어 보자. 심박동이 심하게 요동친다. 살아 있음을 느낀다. 살아 있으면 희망이 있는 거다.

"신록을 바라다보면 내가 살아 있다는 사실이 참으로 즐겁다. 내 나이를 세어 무엇 하리. 나는 오월 속에 있다."

피천득 선생의 말이다. 나이, 중요하다. 나이가 뭔 대수냐며 중요하지 않다고 하면 꼰대다. 그럼에도 불구하고, 내가 살아 있음을 즐겁게 여기며 무엇을 하든 간절한 마음으로 해야 된다. 반드시 좋은 일이 일어날 거라는 생각으로 소원하고 행동하면, 꼭 좋은 일이 생긴다. 고마움을 느끼면 잘된다. 절대로 힘들어도 부정적으로 생각하지 말자. 잘될 거다 생각하면 반드시 생각한 대로 이루어진다. 여유를 갖자.

준비된 사람은 본업에 충실하고 최선을 다한다. 실력과 경험을 쌓아야 되고, 학습을 꾸준히 해야 됨은 물론이다. 그런 실력들을 지금 당장 발휘하지 못하더라도 꾸준히 쌓아 온다면 언젠가는 반드시 발휘할 기회가 온다. 다시 한 번 강조하건대 무엇을 하든 지금 당장 시행해 보자.

잘 풀리지 않아도 좌절하지 말고, 부지런해야 된다. 남들보다 부지런하면 굶지는 않는다고 한다. 요즘 세상에 굶는 사람이 어디 있느냐고 할지 모르겠으나, 세상 녹록하지 않다. 지금이 위기라고 생각하고 현직에 있을 때 빡세게 자기 계발해야 된다. 여기서 멈출 수는 없지 않는가. 그래도 살아야 한다고 생각하는 순간, 변화가 일어날 수 있다.

'어떻게든 월급쟁이로 버틸 수 있을 때까지 버텨야 되는데…'라는 생각보다는, 일하는 것이 자랑스럽다고 지금 하는 이 일이 나에게 에너지를 준다고 생각해야 한다. 주어진 업무에 최선을 다하고 행복해졌으면 좋겠다.

고비마다 면역력을
높이는 방법

작은 것에 만족할 줄 아는 것이 중요하다. 만족하는 법을 조금씩 배워야 한다. 그래야 백세시대의 인생을 즐길 수 있다. 지나간 세월을 절대로 후회하지 말자. 후회해 보았자 돌아오지 않는다. 후회한 과거보다는 현재가 중요하다.

어려움이 생겨도 극복해야 된다. 순간순간 늘 고비가 오지만, 어려움이 왔을 때 반성하고, 당당하게 돌아봄으로써 인간관계도 살펴볼 기회가 된다. 조직에서 힘든 일이 발생하면 예방접종하는 것이라 생각하자. 면역력이 생겨 다음번 고비에는 좀 더 강해져 잘 버티는 자신을 발견할 수 있을 것이다.

신문이나 뉴스를 보다 보면 유명인들의 인사 동정을 볼 수 있다. 대부분 화려한 경력과 학력 등 프로필이 대단하다. 얼마나 많은 노력을 한 것인지 미루어 짐작해 볼 수 있다. 그렇게 성공을 한 거다. 내가 작아짐을 느낀다.

그렇다고 해서 겁먹을 필요는 없다. 높은 자리에 오르면 명예가 생기고 의사결정도 좌지우지할 수 있지만, 그만큼 거기에 얽매이게 될 거다. 성공하지 못한 것이 다행이라고 생각하면 마음이 편안해질지도 모른다. 남과 비교하면 슬퍼지고 우울해지며 불행해진다. 이렇게 생각하고 위안을 삼아 보자.

'나답게 살아가면 되지.'

필자가 1987년 입사하여 지금까지 34년 넘게 한 직장을 다니고 있으니 아주 성실한 사람으로 느껴질 수 있겠지만, 현실은 답답했다. 그때는 입사 후 토요일 근무로 오후 2시에 퇴근했었지만, 그마저도 시간이 잘 준수되지 않았다. 일요일에는 특근 근무를 월 2회 정도 했다. 그땐 누구나 그랬다. 아이랑 놀아 준 기억이 잘 나지 않는다. 아이 크는 것을 느끼지 못하고 좋은 아빠가 아니었다. 매일매일 업무의 연속이었다. 진급 철이 되어 진급자 명단에 없으면 우울해지고 화가 나고, 남들과 나 자신이 비교되곤 했다. 몇 년을 계속 진급에서 누락되니, 부서장과 언쟁도 생기고, 순환보직을 요청해도 답이 없었다.

순환보직을 하는 이유는 다양한 직무를 경험하여, 전사적 통찰력을 갖춘 관리자 및 경영진을 육성하고 동일 보직 내 장기간 근무하여 발생할 수 있는 정체와 타성을 방지하고 부서 간 소통 및 협업하여 시너지 강화를 만드는 것이라고 설명해도 답이 없었다. 스스로에 대한 무능함을 느꼈다.

'인생은 괴로운 것, 공정하지 않다고 생각한다면 누가 손해인가.'

생각을 조금 바꿔 보자. 자신을 우습게보지 말고 본인에게 불평을 갖지 마라. 부정적으로 생각하면 그렇게 된다. 자신을 사랑하자. 인생은 한 번뿐이다. 긍정적으로 생각하기에도 시간이 많지 않다.

긍정은 행복으로 전염되고, 부정적인 생각은 불행으로 전염된다는 사실을 기억하자. 직장은 직장일 뿐 돈을 벌러 다니는 곳이라 하겠지만, 그렇게 생각하면 안 된다. 조직에서 맡고 있는 업무에 대해서 한층 업그레이드하기 위해서는 자기 계발이 필수다. 자기 계발을 통해서 배운 것을 업무에 활용하여 양질의 노동력을 제공할 때, 고용 상태는 유지되는 것이다.

높을 때도 낮을 때도
떳떳하게

자리가 사람을 만든다는 말이 있다. 높은 자리에 오르면 본인이 똑똑해서 그렇게 된 것이라고 착각하는 사람들이 있다. 정말로 착각이다. 주위에서 도와준 사람들이 많은데, 본인이 똑똑해서란다.

높은 자리는 책임지고 베풀어 주는 자리다. 군림하고 직원들을 몰아세우는 자리가 아니라, 감싸 주고 도와주는 자리다. 그래야 조직이 살아난다. 본인이 제일 똑똑한 것으로 착각하고 임원이 되고 대표이사가 됐다고 생각하는 순간, 직원들은 직언을 하지 않는다. 불행이다.

그들도 언젠가 조직에서 떠난다. 회장도 조직 운영을 잘못하면 파

138   그래도, 직장

산하지 않던가. 그렇게 그들이 떠날 때, 조직원들은 슬퍼하지 않는다. 오히려 '그렇게 똑똑한 사람이 나보다 일찍 떠나네?'라고 생각하고 비웃을지도 모른다.

높은 자리에 있을 때 베푼 사람들은 그 기운이 자식들에게도 온다고 한다. 악랄하게 하면 당사자는 물론이지만 그 나쁜 기운이 또한 자식들에게도 온다는 것을 기억할 필요가 있다. 에이브러햄 링컨은 이런 말을 했다.

"누구도 본인의 동의 없이 남을 지배할 만큼 훌륭하지 않다."

지배받지 않으려면 조직에서 진급도 해야 되지만, 세상만사 쉽지 않다. 이런 책임자도 있다. 진급은 책임 못 져도, 진급 심사 때 훼방은 놀 수 있다고 압박을 하는 책임자 말이다. 최소한 도움을 주지 못할망정 해를 끼쳐서 되겠는가. 어이없지만 현실이다. 그러나 한 가지 알아야 할 것이 있다. 그렇게 말하면 언젠가 말이 씨가 되어 본인에게도 돌아온다는 사실을 말이다.

그리고 남보다 직급이 낮다고 기죽지 말자. 당당하게 회사 생활을 하면서 일희일비할 필요도 없다. 삶이란 원래 좋은 일도 있고 나쁜 일도 있게 마련이다. 그런데 내년을 기약할 수 없는, 더 이상 진급 희망이 없는 직원도 있다. 계급정년이다. 한 직급에 오래 있다고, 진급 대상자보다 나이가 많다고 한다. 한마디로 연식이 오래되었다는 뜻이다. 열심히 해도 희망이 없다.

그럼에도 불구하고 남들과 나를 비교해선 안 된다. 나는 나. 물론 화가 날 때가 있을 것이다. 그렇다고 해서 나도 모르게 언성을 높이고, 너무한다고 소리를 질러야 나에게 절대로 득이 될 것이 없다.

'나보다 실력도 별론데? 더구나 인성은 엉망인데….'

하고 남의 허물을 보는 습관, 씹는 것은 절대로 하지 말자. 일상화되면 큰일 난다. 남에게 상처 되는 말을 해서는 안 된다. 시간이 지난다면, 그런 것 사실은 별거 아니라는 것 알게 될 것이다. 그리고 앞서 언급했듯, 자신이 내뱉은 말이 씨가 되어 본인에게도 돌아온다는 걸 잊지 말자.

늦지 않았다. 떳떳하게 사는 것, 그게 제일 중요하다. 지금부터 새로운 각오를 해서 '긍정적인 나', '배려하는 나', '깊게 생각하는 나'로 새롭게 발전시켜 나가자.

일하면서 정말
중요한 것은

세상은 공평한 것 같지만, 그렇지 않는 경우를 무수히 본다. 기업은 영리 추구가 목적이지만 사회적 책임도 중요해졌다. 기업은 경쟁력을 확보하기 위해서 조직원을 다양한 업무에 배치하고 그것을 통해 직원의 다양한 경험, 조직의 활성화를 꾀한다.

조직 내에서 힘이 있는 부서, 힘이 없는 부서가 있지만, 다 중요하다. 진급이 잘되는지, 고생한다고 예산을 넉넉히 주는지, 경영진의 따뜻한 격려의 말씀이 있는지도 물론 중요하겠지만, 그보다 더 중요한 건 자기 자신이다.

필자는 34년 이상 근무하는 동안 네 개 부서에서 순환하면서 다양한 업무를 했고, 보통 한 부서에서 10년 가까이 근무하였다. 그러는 동안 다른 회사와 동일 업무를 하는 직원들과 교류도 하고 좋은 것을 배워 왔으며 우리 부서의 노하우도 아낌없이 설명해 주었다.

34년 전 입사하여 영등포공장에서 근무하면서 받은 업무가 산업재해 관리였다. 그 당시만 해도 생산 현장에서 근무하다가 재해를 입는 근로자가 상당히 있었다. 함께 마음 아파해 주고 위로해 주면서 정성을 다해 업무를 처리했으며 그만큼 보람도 컸다.

손가락이 절단된 근로자가 있었다. 대전 지역에서 수지접합술을 하는 의료기관이 없어 대전공장에서 응급차량을 통해 무조건 서울로 출발한다고 공장장이 말했다. 그래서 서울에서 수지접합 가능한 의료기관을 찾아 그곳으로 이송했다. 서울로 이송된 재해근로자가 수술이 잘되어 다시 현장에 복귀했을 때, 근로자 모친께서 회사에 너무 감사하다면서 편육을 직접 만들어 공장 직원과 함께 먹었다는 이야기를 들을 때, 보람도 크고 기쁨도 배가되었다.

지금 고객센터에서 근무하면서 소비자 전화를 받자마자 쌍욕을 하고, 무조건 '사장 바꿔!' 하면서 화를 내는 소비자가 있다. 제품의 결함으로, 기업이 잘못 생산해서 듣는 소리다. 우울하다. 그러나 좋

그래도, 직장

아하는 일만 할 수는 없지 않는가. 상대의 말을 듣고, 이해하고, 응답해야 한다. 화가 난 소비자의 말을 그럼에도 불구하고 잘 들어야 한다.

잘 듣는 것. 내가 하고 싶은 말이 있어도, 소비자에게 중요한 정보를 듣기 위해서는 더 많이 들어야 한다. 그래야 우리가 잘못한 것을 개선할 수 있기 때문이다. 경청하는 것이 인간관계에서 엄청 중요하다는 사실을 이곳 고객센터에서 배웠다.

물론 고객센터가 조직 내에서 힘이 있는 부서는 아니다. 그러나 내가 속한 부서가 힘이 있든 힘이 없든, 그건 크게 중요하지 않다. 중요한 건 자기 자신이며, 그 부서에서 내가 어떠한 역할을 하며 무엇을 배우고 앞으로 어떻게 성장할 것인가 하는 점이다.

3부

직장 밖,
더 큰 세상을 향해

죽지 못해 살고 있다는 생각을 버리자. 삶은 보이는 대로 가치 있고 중요한 것이다. 지금 이 순간, 다시 뛰자. 살아 있다면 희망이 있는 것이고 가능성은 있다. 직장이 전부가 아니다. 인생의 가장 젊은 날은 바로 오늘이다. 평생직장이라는 기업문화도 사라진 지 오래됐다. 이제 직장이 중요한 것이 아니라 직업이 중요한 시대가 왔다. 개인이 어떻게 대응해야 조직에 살아남을 것인가.

성장하는 동안은
늙지 않는다

　지금 기업은 젊은 인사들을 배치하면서 세대교체를 통한 경쟁력 강화를 이야기하고 있다. 경영 환경의 불확실성이 높은 만큼 기업의 발전과 변화를 위해 불가피하다고 역설한다.

　기대수명이 늘어남에 따라 백세 시대를 넘어 더 오래 사는데 큰일이다. 누구에게나 젊은 시절이 있었다. 젊음이 노력으로 얻어지는 것은 아닌데, 기업은 젊을수록 좋다고 하니 걱정이다. 어릴수록 창의력이 뛰어나다고 말하는 사람이 있을지 모르겠으나, 어디까지나 편견이다. 주요 보직을 역임한 풍부한 전문가로서의 노하우가 필요하며, 최소한 한 분야에서의 다양한 경험이 중요하다.

그래도, 직장

물론 나이 먹었다고 고집과 아집이 높아지면 그건 큰일이다. 꼰대나 하는 짓이다. 나이 먹을수록 젊은이가 갖지 못하는 다양한 지혜를 쌓아 가야 한다. 그런데 경험보다 능률, 그리고 검증되지 않은 혁신을 강조하면서 통제를 강화하고 조직원이 수동적으로 움직일 때, 과연 조직문화가 지속적으로 발전하기란 쉽지 않다.

지금 나이 먹었다고 생각하는 조직원이 있다면, 습관을 바꿔 보자. 습관이 바뀌면 인생도 달라진다는데, 밑져야 본전 아닌가. 뭐든해 보자. 그동안 얼마나 계획만 하고 실천하지 못했던가. 이를 위해서는 작심삼일을 물리치는 방법을 찾아야 한다.

그 방법은 바로 계획한 일을 이제 떠벌리는 것이다. 그간 침대 위에서 생각만 했지, 언제 제대로 시작해 보았는가. 뭐가 됐든 간에 일단 메모지에 적어 보자. 그리고 떠벌리자. 떠벌려야 성공할 수 있다. 먼저 가족에게 계획하는 일을 말해 보자. 자, 떠벌렸으니 이제 당신에겐 그 계획을 실천할 일만 남았다.

작년 봄에 내 친구가 정년퇴직을 했다. 삼십 년을 넘게 다닌 직장에서다. 금융 보험회사는 명예퇴직이 많은데 끝까지 유종의 미를 거두었다. 퇴직 전에 소주 한잔하면서 축하해 주었다. 정년퇴직할 때부상으로 무얼 주냐고 물어보니, 우리 기업에서 정년퇴직자를 본 적이 없어 모른다고 했다. 임금피크제를 실시하는 기업인데, 만 55세부터 적용되는 임금피크제 때 보직을 빼앗겨 실무자로 근무하는데 인사부서 책임자가 이렇게 말했다고 한다.

"선배님, 후배들을 위하여 명예퇴직해 주십시오."

이에 내 친구는 인사부서 책임자에게 웃으면서 당당하게 이렇게 대답했다고 한다.

"지금 내가 떠나면 당신도 머지않아 떠나요. 선배인 내가 정년퇴직하는 모습을 보여 줘야 전에 그런 사람이 있었다라고 생각하고 누구든지 버틸 수 있는 용기가 생기지 않겠소?"

그랬더니, 그 이후 아무 말도 없었다고 한다. 그리고 정년퇴직했다. 나이를 먹어 갈수록 출근할 곳이 있어야 한다. 가족을 위해서는 물론이거니와 자신을 위해서도 그렇다. 성장하는 동안은 늙지 않는다고 한다. 우린 계속해서 성장해야 한다. 『백년을 살아보니』에서 철학자 김형석 교수는 이렇게 말했다.

"정신적 성장과 인간적 성숙은 한계가 없다. 노력만 한다면 75세까지는 성장이 가능하다고 생각한다."

그래도, 직장

절대로 직장에서 떠나는 것을 겁먹지 말라. 진짜 무서운 것은 공부하지 않고 일하지 않는 것이다. 자기 계발을 게을리하지 않는다면, 이제 나이 먹은 것이 두렵지 않다. 할 일이 있기 때문이다. 당신은 지금 어떤 일을 하고 있는가?

건강하고 즐거운
혁신을 위해

오늘날 조직에서 스트레스에 대한 관심은 증가하고 있으며, 그만큼 스트레스는 매우 중요한 단어임에 틀림없다. 스트레스는 생리적·심리적 건강 악화의 주원인이 되기도 한다. 직무스트레스란 직업과 관련되어서 생기는 근심, 걱정, 좌절, 의기소침과 같은 부정적인 감정 상태를 경험하는 것을 말한다. 스트레스가 쌓이면 업무도 힘들고 대인관계도 쉽지 않다. 그래서 스트레스는 그때그때 풀어 줘야 한다. 질병으로 발전되면 조직에서 생존하기란 쉽지 않다.

스트레스가 발생했을 땐, 이렇게 해 보자. 일단 헬스장에 등록하자. 많은 사람들이 헬스장을 등록하고 며칠간 열심히 다닌다고 하는

데, 이내 작심삼일이 된다고 한다. 운동하는 것도 스트레스라는 것이다. 그럼 생각을 바꾸어 헬스장에 운동하러 가지 말고 샤워하러 가자. 따뜻한 물로 샤워하러 간다고 생각하면 기분이 좋아진다. 그런 마음으로 가다 보면 다른 사람들이 운동하는 모습이 보인다. 그 사람들을 따라 근력 운동도 조금 해 보고, 러닝도 해 보고 그렇게 하다 보면 스트레스도 풀린다.

매일 퇴근 후 샤워하러 헬스장에 가 보자. 깨끗이 씻고 귀가하면, 가정에서도 환영받는다. 매일 하는 게 힘들다면 이틀에 한 번이라도 가 보자. 약간의 근력 운동과 숨이 조금 찰 정도의 유산소 운동 등 총 1시간 전후만 하면 된다. 그리고 샤워하고 나면 기분이 좋아진다. 한번 밑지는 셈 치고 실천해 보자.

스트레스를 푼다고 동료들과 상사를 안주 삼아 술 마시면 그때는 기분이 좋았는지 모르지만, 다음 날 정신까지 힘들어하는 동료들을 많이 보았다. 이런 행동이 많아지면 절대로 회사에서 졸업할 수 없다. 때로 정당한 술은 대인관계에서 필요한 것임에 틀림없지만, 그럼에도 불구하고 스트레스 푼다고 매일 술 마시는 것은 결코 바람직하지 않다.

좋아하는 취미를 가져 보자. 큰돈 들이지 않고 나만의 혼자 노는 진수를 보일 수 있는 취미로 말이다. 가장 저렴한 것이 운동이다. 헬스장이나 수영장을 가는 것이다. 혹자는 등산이 가장 저렴하다고 한다. 국립공원은 입장료도 없으니까 말이다. 하지만 실상은 등산은 많은 비용이 든다. 등산복이 아웃도어들 아닌가. 가벼운 동네 뒷산도, 히말라야 등반 때 입는 복장을 한다고 하지 않던가.

회사에서 졸업이 가까운 베이비부머들은 본인만의 노하우를 MZ세대에 하나하나 전수해 줘야 한다. 우리 선배들 일부는 본인의 노하우를 알려 주면 직장에서 더 이상 설 곳이 없다고 생각하여 아주 인색했다. 시대가 변했다는 것을 인정하고, 자신이 알고 있는 노하우를 후배들에게 알려 주자. 변칙, 요령 등은 절대로 전수해서는 안 된다. 좋은 것, 바른 것에 대한 노하우를 알려 주면 기업은 정도를 걷고 발전한다. 지속적인 개선을 할 수 있도록 시스템 구축에 적극 도움을 줘야 한다. 변화에 앞장서야 한다.

그러나 인간은 본능적으로 변화를 싫어한다고 한다. 만약 지금 하는 것처럼 변화 없이 업무를 하면 초라하게 권고사직 내지는 명예퇴직을 운운할지 모른다. 우리는 일을 너무 많이 한다. OECD 국가에서 세계 두 번째로 장시간 노동이라 하지 않던가. 이제는 성과를 내면서 일해야 한다. 변화하지 않으면 살아남을 수 없음을 깨달아야 한다.

업무 중에서 잘하는 것부터 변화시켜 보고 혁신해 보자. 현장에 답이 있다고 하는데 하루 종일 회의실에서 회의만 하고 있을 순 없는 것 아닌가. 누구보다 솔선수범하게 현장으로 달려갈 때, 베이비부머는 졸업을 넘어 졸업유예도 할 수 있다. 그리고 그때그때 발생하는 스트레스도 건강히 극복하며, 즐겁게 변화와 혁신에 동참해 보자.

한 달 한 권의
책이 주는 힘

'신경 쓰기 싫다. 시키는 대로 하면 된다. 조직의 주인도 아닌데 적극적으로 할 필요가 뭔가?'

이렇게 생각해도 문제없던 시대가 있었다. 분명 IMF 이전이었을 것이다. 그러나 이젠 많은 것이 변했다. 조직의 구성도 다양해지고, 영광스러운 정년퇴직자도 거의 보기 쉽지 않은 것이 현실이기 때문이다.

적극적으로 업무를 처리하고 지시하지 않아도 매뉴얼과 상식 범위 안에서 처리하고 다양한 방법을 동원하여 신속하게 보고하고 있지 않은가. 실로 세상이 많이 변했음에도 불구하고, 남의 눈치나 보고 기회가 생기면 놀 생각을 넘어 불만만 이야기하면 반드시 퇴출될 가능성이 높다.

만사 귀찮아하고 불만만 이야기하는 조직원에게 권하는 것이 있다. 책꽂이를 하나 구입하고 매달 퇴근 후 한 번쯤 대형서점을 방문해 보는 것이다. 책 읽는 것을 너무 싫어해도, 그냥 대형서점에 가서 좋아하는 분야의 서적 한 권만 사자. 큰돈 들지 않는다. 그렇게 하면 1년이면 12권을 구입하고, 3년이면 36권이 된다. 읽지 않아도 마음이 넉넉해진다. 도서 제목만 읽어도 기쁨이 온다.

꼭 좋아하는 분야가 아니더라도 본인이 맡고 있는 업무 분야라면 그 분야 도서를 매월 1권씩 구입하면 이 또한 3년이면 36권이 된다. 좋아하는 서적이나 업무 관련 분야의 책이 책꽂이에 꽂혀 있는 것을 볼 때 기쁨은 배가된다. 회사가 책값을 지원해 주지 않는다고 해도, 그냥 웃자. 책장에 있는 서적을 보면서 벌써 마음의 부자가 되어 있을 테니 말이다.

귀찮아도 공부하기 싫어도 업무 관련 서적이 또는 내가 좋아하는 서적이 생활하는 공간에 있다고 상상해 보라. 뽑아서 읽어 보고 싶은 생각이 생기지 않겠는가. 분명 에너지가 생길 것이다. 그렇게 하다 보면 그 분야의 전문가가 될 수 있는 것이다. 아무것도 하지 않으면 발전하지 않는다. 조직이 어려워지면 아무것도 하지 않는 조직원의 인건비부터 줄이려고 하지 않겠는가.

조직 밖의 세상은 매우 춥고, 배고프며, 차디찬 겨울이라고 생각해야 한다. 지금 조직 밖은 아수라장이다. 당당하게 조직에서 졸업하는 것은 다른 그 누구도 아닌 나에게 달려 있다. 실력의 힘을 키워서 실천하여 동료들에게 아낌없이 전수해 주고, 생각처럼 쉽게 되지는 않겠지만 조금은 치사해도 윗사람에게 약간의 아부도 해 보자. 그것도 실력이다.

발상의 전환은 필요하다. 그런 생각 없이 앞만 보고 달려왔다. 34년 전 입사했을 때만 해도 고용에 대한 기업문화는 종신고용 분위기였다. 즉, 정년퇴직까지 일을 할 수 있었던 것이다. 정년퇴직을 넘어 촉탁으로 근무가 연장된 사람도 있었다. 회사에 한번 입사하면 정년퇴직까지 안정적으로 급여를 받을 수 있었다. 항상 그럴 것이라 생각했다.

그래서였을까? 변화를 인식하지 못하고 자기 계발에 매진하지 못했다. 최근에는 정년퇴직하는 직원을 거의 볼 수가 없다. 회사에서 해고당하지 않으려고 필사적으로 업무를 하고 있는데도 말이다. 겨정이다. 평균 수명은 점점 늘어나고 베이비부머 세대도 정년퇴직이 쉽지 않으니, 세상 참 많이 변했다. 이제는 퇴직 이후의 삶이 중요한 부분을 많이 차지한다.

누구에게든 하루는 24시간 똑같다. 아침부터 저녁까지 열심히 일을 했음에도 불구하고 나이 먹으면 고임금자를 줄여 젊은이를 더 많이 쓸 수 있다고 강변하는 사람들도 있다. 이렇게 말하는 사람은 늙지 않고 영원히 회사를 다닐 수 있을 거라 생각하나 보다. 나이가 들면 임금피크제를 도입하고 있으니, 고임금자라고 하면 안 된다. 필자도 지금 40% 삭감된 급여를 받고 있다.

연륜, 업무 노하우, 위기관리 대응 등의 능력을 갖추고 있음에도 불구하고 시대는 젊은이를 원하는 것 같다. 인생의 많은 시간을 회사에서 보냈지만, 그런 공로를 인정해 달라고 하는 것이 사치일지도 모른다. 기업주도 힘들겠지만 월급쟁이도 어려운 고비를 많이 넘겨왔다. IMF, 금융위기, 지금 걱정되는 가계부채, 부동산 값 등 이루 말할 수 없지 않은가.

앞을 보자. 점점 좋아질 것이라 생각하자. 나이 따윈 관계없다고, 뒤돌아보지 말고 하나하나 업무를 정리하고 새로운 아이디어를 찾아보자. 그리고 공정한 보상으로 가고 있는지 두 눈 크게 뜨고 지켜

보자. 책을 읽으며 에너지도 얻고 실력의 힘을 키워 현실을 직시하고
더욱 분발하자.

행운은
준비하는 자에게 온다

세상은 빠르게 돌아가고 하루가 어떻게 지나갔는지도 모를 정도를 정신없이 지나간다. 업무에 치여 늦은 시간에 귀가해서 잠자리에 누워서 오늘 하루를 생각해 보면, 정신없이 바쁘게 보냈음에도 특별한 성과가 없었음을 인정할 수밖에 없다. 세상에 일하려고 태어난 것이 아닌데, 씁쓸하다.

힘들게 일하고 돌아와서 심신이 지쳤는데 독서를 한다. 쉽지 않다. 그럼에도 불구하고 책을 멀리해서는 안 된다. 물론 독서를 잘한다고 인생에서 성공하는 것은 아니다. 그러나 성공한 사람들 대부분이 최고의 독서가였음을 부인할 수 없다. 시간을 만들어 철학 공부를 해 보자. 철학적 사고가 삶을 풍요롭게 해 줌을 알 수 있다.

투자의 귀재라고 하는 워런 버핏과 조지 소로스를 보자. 그들은 독서광으로 알려져 있다. 시간 날 때마다, 아니 시간을 만들어 읽은 철학 서적으로 얻게 된 철학적 사고를 활용하여 주가가 상승할 때뿐 아니라 하락할 때도 돈을 벌었다고 고백하지 않던가.

철학이 무엇인가를 알려는 사람들, 특히 철학을 통해 어떻게 살 것인가를 생각하려는 사람들에게 서슴지 않고 권할 수 있는 기본 철학서가 있다. 철학자 윌 듀런트의 『철학 이야기』다. 그는 철학이 지혜를 위한 종합이라고 하지 않던가. 독서를 통해 삶을 풍요롭게 하고 미래도 대비해야겠다고 생각하지만 독서하기란 결코 쉽지 않다. 회의 자료 준비, 업무 미팅, 회식, 거래처 발굴로 바쁠 뿐 아니라 시간이 조금이라도 나면 쉬고 싶다는 생각이 유혹한다.

그럼에도 불구하고 대형서점에 가 보자. 책을 구입하지 않아도 된다. 경제, 경영 신간으로는 무엇이 있고 현재 베스트셀러는 무엇인지, 백화점이나 아울렛 방문하듯이 시간을 만들어 꼭 대형서점에 가보자. 다양한 선지식을 만날 수 있다. 한여름 더울 때 시원하게 보낼 수도 있고 한겨울 추울 때 눈치 보지 않고 따뜻하게, 미래에 관한 정보를 살펴볼 수 있다. 독서를 통해 전문가로 거듭날 수도 있다.

그래도, 직장

필자도 친구를 만날 때 주로 커피숍이나 술집이 아니라 대형서점에서 만난다. 약속 시간보다 한 시간 정도 일찍 가서 다양한 책을 보고 관심 분야의 책을 프롤로그 정도 읽어 보고 구입한다. 이렇게 조금 일찍 시간을 내면 서점도 가 보고 친구를 만나 시원한 맥주를 마시면서 대화하는 것이 즐겁다. 멋진 하루가 된다.

그런 것들이 조금씩 모여 독서의 멋을 알아 인생을 더 풍요롭게 발전시킬 수 있을지 누가 알겠는가. 오랫동안 근무했다고 해서 전문가는 아니다. 그 분야에 얼마나 열정과 정열을 쏟아부었느냐가 더 중요하다.

행운은 준비하는 자에게 온다. 만약 행운이 오지 않더라도 절대로 좌절할 필요는 없다. 나이를 먹으면서 삶의 긍정적인 면을 보고 솔선수범하자. 달라지기 시작해야 한다. 아무것도 하지 않으면 아무 일도 일어나지 않는다고 하지 않던가. 지금 무엇인가 해 보자. 자신이 초라하고 못났다고 자각할 필요도 없다. 지금이 내 인생에서 가장 젊은 날임을 잊지 말고 실천해 보자. 더 늦으면 절대로 안 된다. 그때는 세상의 변화를 이해할 수 없게 될지도 모른다.

한 걸음 앞으로
나아가는 힘

IMF 때 고용관계의 어려움을 보면서 분노도 느꼈지만, 그래도 삶을 긍정적인 면으로 보고, 배우고 계획하고 실행하면서 조직에서 살아남는 것이 중요하다는 것을 깨달았다. 모두 다 열심히 일해 왔다고 하는데, 누군가는 조직을 떠나고 또 누군가는 조직에서 살아남았다. 그렇다면 살아남은 그들은 어떻게 일해서 살아남을 수 있었을까.

그들은 대체로 남에게 도움을 주고, 자기 계발을 통해 업무의 전문가인 경우가 많았다. 과거에는 일류대학을 나온 것만으로도 직장에서 평생 근무하고 정년퇴직할 수 있었다. 그러나 지금은 동료들이 그 가치를 인정해 주는 사람이 중요하다. 현실은 팍팍하다. 회사는

그래도, 직장

올해보다 내년이 더 어렵다고 위기감을 준다. 사실 진심으로 어려운 건 나이를 먹고 미래를 준비하지 못한 채 직장에서 쫓겨난 베이비부머 세대일지도 모르는데 말이다.

생각을 조금 바꿔 보자. MZ 세대들에게도 배워야 한다. MZ 세대는 1980년부터 90년대 중반까지 태어난 밀레니얼 세대와 90년대 중반부터 2000년대 초반에 출생한 Z세대를 말한다. 나이가 어리다고 무시하면 진짜 꼰대다. 아무리 지식이 많고 똑똑하고 실력이 좋아도 독불장군은 언젠간 조직에서 배제될 수밖에 없다. 현실을 회피하지 말고 인정하자.

조직에서 끝까지 살아남아 있을 것이라고 생각해선 안 된다. 기업이 망하지 않는 한, 오너가 아니면 모두를 언젠가는 기업을 떠난다. 때로는 경영을 잘못하면 오너도 떠난다. 그러니 너무 직장에 연연해서는 안 된다. 대부분의 월급쟁이는 오너가 아니므로 언젠가 떠난다는 준비를 해야 된다. 직장은 영원하지 않지만 직업은 계속 가지고 있어야 하지 않을까.

지금부터 하고 싶은 일을 찾아서 해 보자. 과거보다 지금은 일찍 퇴근하지 않는가. 퇴근 후 할 수 있는 일이 무엇이든 찾아보자. 직장을 다니면서 주말을 이용해 보는 것도 좋다. 직업을 갖기 위한 것들을 찾고 노력해야 한다. 무엇에 관심이 있는지, 어떤 걸 하면 잘할 수 있을지, 지금부터 천천히 시작해도 늦지 않다. 준비한 사람은 직장에서 권고사직을 권해도 새로운 직업이 생긴다. 아니, 아예 권고사직을 당할 일이 없다. 오너 입장에서 전문가를 내보내기란 쉽지 않은 결정이기 때문이다.

준비하지 않으면 양질의 직업은 없다. 백세 시대라는데 걱정이라고 말만 하지 말고, 지금 시작하자. 시작하지 않는다고 나빠질 것 없다는 생각은 버려야 한다. 시작하지 않으면 산송장으로 살지도 모른다. 그리고 어렵게 용기를 내어 시작했다면, 절대로 도중에 그만두어서는 안 된다. 나이 들어 새로운 것을 배운다는 것은 큰 용기이고 변화가 수반되는 일이므로 건강을 해칠 수도 있다. 항상 긍정적으로 생각하면 좋겠다.

부정적인 것보다는 긍정적인 것을 찾아보고 긍정적으로 이야기해야 한다. '잘될 거야.' 해야 정말로 잘된다. 만일 안 될 거라고 생각하면 진짜로 안 된다. 왜냐하면 생각한 대로 이루어지기 때문이다. 긍정의 힘을 배우자.

'상사가 힘들게 해도 동료가 날 어렵게 만들어도, 앞으론 잘될 거야. 그래서 내가 항상 준비하고 노력하잖아. 잘될 거야. 뭐든지.'

그래도, 직장

잘될 거라는 그 한마디가 용기를 얻게 해 주고 에너지를 만들어 한 걸음 한 걸음 앞으로 나아갈 수 있게 해 줄 것이다.

변화만이
유일한 생존이다

"퇴사하겠습니다."

이렇게 당당하게 말하는 것이 부럽다. 오기로 해서는 안 된다. 또한 그렇게 말할 수 있는 용기도 멋지다.

정년 때까지 근무하면서 직장을 떠나면 얼마나 멋진 일인가. 그러나 나이가 들어가면서 정년까지 근무하기란 현실이 그리 녹록하지 않다. 임금피크제, 보직자 배제, 인사고과 불이익 등을 이야기하면서 압박을 준다. 그럼에도 불구하고 인내하고 견디는 자가 애국자이다. 왜냐하면 양질의 노동력으로 국가에 세금을 제대로 내고 있는 유리지갑이지 않는가.

4차 산업혁명, 인공지능(AI) 사물 인터넷, 가상현실(VR), 빅데이터 등 세상이 이렇게 빠르게 변하는데 아무것도 하지 않으면 점점 더 어려울 것이다.

이니가키 에미코는 28년간 아사히 신문사에 근무하고 의원면직했는데, 그의 저서인 『퇴사하겠습니다』를 간략하게 요약해 보면 다음과 같다.

"인생은 그리 호락호락하지 않습니다. 만반의 준비가 필요합니다. 노화는 예상보다 확실히 빠릅니다. 한 번뿐인 인생, 시간이 별로 남지 않았습니다. 다시 한 번 절감합니다. 버텨 보겠다. 아직 회사는 그만둘 수 없습니다. 그러나 언제까지나 회사에 남아 있으려는 생각을 해서는 안 됩니다. 회사를 그만둔 지금 제일하고 싶은 것이 무엇이냐 물으면 그건 바로 일입니다. 정말로 일이란 멋진 것입니다."

일자리를 잃으면 그 충격은 바로 개인에게 나타난다. 고용이 최고의 복지라고 이야기한다. 코로나19 때문에 일자리 절벽시대가 올지도 모른다고 한다. 로봇과 인공지능으로 일자리가 대체되고 많은 직업들이 사라진다고들 말한다. 4차 산업 혁명도 사람이 하는 일이다. 절대로 겁먹지 말자. 두려워말고 끝없이 도전하면 된다. 변화하고 혁신하면 생존하는 것이다. 마이클 포터도 변화만이 유일한 방법이며 차별화를 해야 한다고 주장했다.

"변화만이 유인한 생존이다. 변화하지 않으면 살아남을 수 없다. 기업뿐 만아니라 개인도 마찬가지이다."

제품, 서비스를 제공하는 기업도 소비자 만족을 위하여 빠르게 변화하고 있다. 품질 좋은 제품과 서비스는 경쟁력이 생긴다. 그런 기업이 소비자에게 사랑받는 것이다. 기업도 생존하기 위해 변화하는데, 하물며 나 자신이 현실에 안주하지 않는 용기가 중요하다. 과거에 매몰되면 꼰대가 된다.

상대방을 변하게 하는 것보다 자신이 변하는 것이 중요하다. 상대방을 변하게 하려 하면 반발이 생긴다. 다른 사람의 성격이나 행동을 변화시키기란 정말로 어렵다. 자신이 변화되어 달라지려고 노력해야 된다. 절박함이 있어야 한다.

고달픈 하루하루지만, 되는 일이 없는데도 불구하고 자신의 삶이 힘들지라도 인내하고, 배우고 서비스하면 희망이 보인다. 미래가 어떻게 될 것인가. 지금 준비하지 않으면 조직을 초라하고 무기력하게 떠날지도 모른다. 현실은 어렵지만, 뒤집어서 생각해 보면 어렵다고 할 때가 기회이다. 기회는 주인의식을 갖고 준비하고 실천하는 사람에게, 천천히 그렇지만 반드시 온다.

미래는
시작하는 자의 것이다

2021년도는 베이비부머 세대 중에서도 1961년생이 대부분 직장에서 정년퇴직한다. 나이를 먹어 갈수록 갈 곳이 있어야 한다. 출근할 곳 말이다. 그래야 된다. 가족을 위해서는 물론, 자신을 위해서도 그렇다. 사람은 성장하는 동안은 늙지 않는다고 한다. 우린 계속해서 성장해야 된다.

한 직장을 34년 넘게 다니고 있는 필자에게 회사로부터 자녀들 학자금도 전액 받았으니 행복하지 않느냐고 동료들이 말한다. 옳은 이야기다. 베이비부머 세대는 이제 은퇴했거나 조직에서 떠나기 시작하고 있다. 그곳을 떠나면 조직 밖으로 나오는 것이다. 몸담고 있었던 조직은 힘들고 하루하루가 전쟁터이며 하루도 쉽게 넘어간 일이 드물었다.

그러나 조직 밖을 나오면 냉동 창고이며, 찬바람은 대단하다. 콧등, 양쪽 귀, 얼굴 전체가 얼얼하다. 조직 안이 전쟁터였다면, 조직 밖은 전쟁터보다 더 살벌하고 냉혹한 곳이다. 참고 또 참고, 당당하게 조직에서 살아남아 정년까지 유종의 미를 거두었어도 국민연금 수령하기까지는 몇 년을 더 기다려야 하는 것이 현실이다. 그러니 조직에서 살아남아, 정년퇴직까지 간 사람들은 대단한 사람들이다.

현실은 50대 초반에 많은 사람들이 타의 반, 자의 반 조직을 떠나지 않던가. 어렵게 정년을 맞이해도 현실은 넉넉하지 않다. 진솔하게 살아갈 방법을 생각해 봐도 많이 답답하다. 백세시대라고 하는데 미래의 나는 지금보다 더 건강하지 못할 것이고 양질의 돈벌이도 좋지 못할 것이며 왕성한 사회생활도 쉽지 않을 것이다. 그럼에도 불구하고 평균수명은 점점 길어지니 때로는 미래를 생각하면 한숨이 나온다.

조직에 몸담고 있을 때 본인이 맡고 있는 업무에 대해서는 누구보다 최고이며 전문가다. 사장에게 보고할 때 당당할 줄 알아야 한다. 왜냐하면 전문가인 내가 사장에게 보고한다기보다는 알려 준다고 생각하면 걱정할 필요가 없다. 그래서 맡고 있는 업무에서 전문가가 되어야 당당해질 수 있는 것이다. 그래서 조직에 몸담고 있을 때 힘들어도 좋아하는 분야에 대한 자기 계발이 필요한 것이다. 직장은 유한하지만 직업은 백세시대에도 전문가로서 오래도록 살아남을 수 있는 힘과 용기를 준다.

최근 저녁 있는 삶이 강조되고 있다. 주말에 가족과 함께 놀아 주고 평일에는 스트레스 쌓인 마음을 따뜻한 차와 식사로 동료와 대화하면 된다. 죽어라고 동료와 술 한 잔을 넘어 2차, 3차까지 하면서 동료상변을 느낄 것이 아니라 미래를 위해 독서하고 학습하자.

그런 준비를 필자가 30대부터 했더라면 하는 아쉬움이 있다. 그어느 누구도 자기 계발에 대해 이야기해 주는 선배, 동료가 없었음이 아쉽다. 아니, 대인관계 폭이 좁아 충고해 줄 선배를 찾지 못했을지도 모른다. 아무 생각 없이 열심히 일만 했던 나 자신이 답답하다. 생각이 짧았다. 세월은 진심으로 빠르다. 그렇게 시간은 나를 기다려 주지 않고 앞을 향해 달려간다. 그러니 지금부터라도 업무에서 전문가가 되도록 매진하자. 또한 좋아하는 것을 한층 업그레이드시킬 수 있도록 노력하자. 늦지 않았다. 용기를 내서 지금 당장 시작하자. 시작이 반이라 하지 않던가. 미래는 바로 시작하는 당신의 것이다.

스스로 만드는
미래의 명함

직장에서 근무하면 본인의 신분을 나타내는 것이 명함이다. 명함에는 많은 개인정보들이 들어 있다. 어떤 회사에서 근무하고 있는지, 부서명과 직책과 성명, 사무실 전화번호, 휴대폰번호, 이메일 주소 등이 있어 새로운 사람들과 인사를 하게 되면 보통 명함을 주고받는다.

직급이 만년 대리, 만년 과장이라고 낙담할 필요가 없다. 더 이상 진급이 되지 않는다고 해도 문제없다. 나이가 많거나 한 직급에 오랫동안 있다고 진급 심사에서 제외되더라도 상관없다. 그렇다고 그 직급에 어울리는 업무만 하겠다고 생각하면 더욱 안 되는 것이다.

나이 먹었다고, 진급 안 된다고 불평하는 사람은 조직이 빠르게 버릴 수 있다는 것을 잊어서는 안 된다. IMF를 지나면서 평생직장이란 개념이 사라진 지 오래다. 더 이상 평생직장은 없다고 해도 과언이 아니다.

일류 대학 나온 사람, 직장에서 출세해서 잘나가는 분들은 이 책을 읽을 필요가 없다. 그런 직장인을 빼고는 어떻게 하면 직장에서 살아남을 수 있을까? 학창 시절보다 더 열심히 자기 계발에 힘써야 한다. 그래야 진정한 직업을 가질 수 있는 것이다.

미래의 내 명함을 만들어 보자. 자기 계발을 통하여 그 분야의 전문가가 되어 보자. 비록 지금은 만년 대리, 만년 과장, 만년 부장일지 모르지만 나만의 명함을 만들고 현직에 몸담고 있을 때 눈치 보지 말고 자기 계발을 해 보는 거다.

요즘은 어느 기업이든 대표이사뿐만 아니라 실무자까지 간단하게 책상에 명패를 만들어 놓는다. '대표이사, 전무, 상무, 팀장 등 직책도 없는 난 무엇인가?' 하고 한탄할 필요 없다. 직급이 직책이 인생의 전부는 아니다. 머지않은 미래에 본인의 명패에 명함에 어떻게 적을까는 전적으로 본인의 의지에 달려 있다.

명함이나 명패를 어떻게 적을까는 아주 간단하다. 자존심을 버리고 기본으로 돌아가는 것이다. 하나부터 천천히 익혀 보는 것이다. 맡고 있는 업무에 대해서 관련 매뉴얼을 다시 확인하고 업무 흐름도를 익히고 관련 서적도 학습한다. 예를 들면 인사 업무를 맡고 있다면, 인사 관련 서적을 최소한 10여 권 이상을 읽고 정리해야 한다. 또한 관련 논문도 병행하여 학습한다. 그리고 학회에 주저자로 논문도 발표하여 사회에 기여해야 되지 않겠는가.

이렇게 자기 계발도 업무와 관련하여 학습하면 직장에서 인정할 것이다. 그러나 사람들은 다른 곳에 관심을 더 갖고 열심히 하지 않고 변화하지 않으면서 불평만 한다.

지인으로부터 들은 이야기다. 잘 알고 있는 친척이 은행원으로 오랫동안 근무했는데 IMF 때 정리 해고됐다고 한다. 너무 힘들어서 함께 정리 해고된 분들과 한 달에 한 번씩 만나서 울분을 토하고 술잔 나누면서 서로를 위로했는데, 술이 한잔 들어가면 어떻게 키운 은행인데 나를 버리다니 하면서 나쁜 직장이라고 욕했다고 한다.

이때 해고된 친척은 은행 근무 때 조직 인사 관리에 대해 좀 더 알고 싶어 경영대학원 석사 과정에 입학하여 제2의 인생을 준비했다고 한다. 열심히 노력한 결과 경영학 석사 학위를 취득하고 현직에 있을 때 실무에서 배운 다양한 사례들로 대학에서 외래교수로 활동했다고 한다. 몇 년 만에 해고된 동료들과 함께 만나 안부도 전하고 술 한 잔했더니, 그들은 아직도 은행을 욕하고 있더라고. 변하지 않고 부정적인 생각만 하는 것에 친척은 한숨만 나왔다고 한다.

그래도, 직장

중요한 것은
젊음이 아닌 꿈

젊은 피가 전부는 아니다. 그럼에도 기업들은 젊은 피를 잡기 위해서 다양한 복지제도를 새롭게 만들고 있다. 유아휴직을 강제로 실시하고 있고, 미실시자에게는 불이익도 준다. 출산 축하금, 보육수당 지급을 통한 임직원 로열티 고취 및 가족 친화 기업으로서의 이미지를 제고하고 있다. 또한 젊은 직원에게 진급의 기회도 더 넓혀 주고 있다.

워라밸 세대인 그들에게 승진은 로망이 아닐 수도 있다. 그러나 나이가 들면 조직에서 살아남기도 쉽지 않다. 많은 것이 변했다. 끝까지 있을 것이란 생각은 버려야 한다. 언젠가는 떠나야 한다. 무사히 졸업할 수 있는 정년퇴직이 가능한가. 자기 계발 없이는 쉽지 않다. 건강관리 잘하면서, 저축도 늘리고, 50대는 최대한 늦게 은퇴해야 한다.

젊음, 듣기만 해도 힘이 솟고 멋있다. 그렇지만 중요한 것은 연령이 아니다. 백세시대라고 하지 않던가. 젊은이는 시간이 자신을 기다려 주지 않는다는 인식 아래 멋진 인재로 성장할 수 있도록 학습과 경험을 다양하게 할 필요가 있다. 너무 서두르지 말라. 너무 빨리 가면, 빨리 떨어진다. 천천히 서두르지 않으면서, 자기 계발을 통해 사회 및 조직에 크게 늦게까지 기여할 수 있다. 아름다운 퇴장이 필요하다. 좋아하는 것을 더 늦기 전에 해야 아름다운 퇴장을 할 수 있다.

지금 당장 밖으로 나가 보자. 빠른 걸음으로 내가 살고 있는 동네를 한 바퀴 걸어 보면서 여기저기 살펴보자. 많은 것들이 보일 것이다. 하늘, 땅, 상점, 자동차, 사람들 모두 바쁘게 돌아간다. 그렇게 힘차게 걷고 집에 돌아오면 땀이 난다. 샤워를 하고 나서 절대로 누우면 안 된다. 내가 무엇을 잘할 수 있을까, 나의 꿈은 무엇이었을까 생각해 보고 종이에 적어 보자. 만일 아무것도 할 수 없다면, 다시 밖으로 나가 재래시장에 가 보자. 열심히 살아가는 많은 사람들의 모습을 볼 수 있다. 무력감에서 벗어날 수 있다.

그래도, 직장

잘될 수밖에 없다고 생각하는 순간 정말로 잘된다. 긍정적으로 생각하는 것이 중요하는 것을 느낄 수 있다. 세상의 중심은 본인이다. 내가 없으면 세상도 별 볼 일 없다. 자신의 행복을 위해서, 자신의 꿈을 이루기 위해서 힘차게 한 걸음 한 걸음 걸어 보자. 본인이 행복해야 가정도, 기업도, 국가도 잘되는 것이다.

편안한 마음으로 좋아하는 것을 반복한다면, 만일 평생 원하는 것을 이루지 못하더라도 허무하게 부질없이 시간을 보냈다고 생각되지는 않을 것이다. 그리고 어느 순간, 자신의 꿈과 가장 가까운 미래를 함께하고 있을 것이다.

행복한 노년을 위해
필요한 용기

나이를 먹으면 참견도 간섭도 늘어난다고 한다. 나이가 들면 듣는 것을 신속하게 알아듣고 말하는 것은 한 템포 늦춰야 한다. 많은 말을 해서 경청하는 사람을 힘들게 만드는 것은 피해야 한다. 잘 듣다 보면 무엇을 배워야 하는지 알 수 있다. 이왕 배울 거면 현재 업무와 관련된 것을 배우는 것이 좋다. 그래야 젊은이로부터 꼰대 소리를 듣지 않는다. 나이를 먹었으니 풍부한 경험이 있지 않나.

그렇다고 해서 경험만 강조하면 안 된다. 새로운 지식, 변화에 뒤처져 있으면 안 된다. 다양한 지식은 다양한 원천에서 나온다. 다양한 분야의 사람들도 만나고, 책을 통해서도 배우고, 또한 미디어를

그래도, 직장

통해서도 배울 수 있다. 다양한 방법으로 익히면 된다. 늦었다고 생각하고 움직이지 않으면 변화하는 것은 없다. 가만히 자리만 보존하고 움직이지 않으면 아무 일도 일어나지 않는다.

세월은 엄청 빨리 간다. 10대는 10㎞이고 30대에는 30㎞로 60대에는 60㎞로 세월이 달린다고 하지 않던가. 한 주 시작이 어제 같은데 벌써 주말이고, 월초 계획을 세웠을 때 벌써 월말이고 연말이니 말이다. 세월은 절대로 기다려 주지 않는다. 늦지 않았다. 한 걸음씩 앞으로 나아가면 된다. 할 수 있는 것부터 하나하나 챙겨 학습하다 보면 어느새 전문가가 되어 있을 것이다.

조금씩 쉬지 않고 꾸준히 하는 사람은 누구도 이길 수 없다. 쉬지 말고 전진하라. 나이를 먹으면 암기력은 떨어질지 모르지만 이해력, 상황 파악 등은 젊었을 때보다 훨씬 더 좋아진다. 하나하나 학습하면서 조금씩 알아 가는 것들이 많은데, 그때 그 기쁨은 어느 무엇과도 바꿀 수가 없다. 흔들거리지 않고 앞으로 나아가면 된다.

"왜 이렇게 힘들게 직장 생활을 하는가?"

하고 물으면 답변이 쉽지 않다. 생각이 각각 다르기 때문이다. 자아실현을 위하여 혹은 거창하게 국가와 사회의 발전을 위하여, 가족과 함께 먹고살기 위해, 돈 벌기 위해 등 다양한 대답이 있을 수 있다. 살기 위해 조금 비굴하고 자존심이 상해도 참고 인내하면서 역경을 이겨 내는 동료들을 주위에서 많이 볼 수 있다. 그만큼 산업현장은 할 말 다하고 자유롭게 할 수 없음을 알 수 있다.

원론적인 이야기일지 모르겠지만, 직장 생활을 한다는 것은 행복해지기 위해서라고 할 수 있다. 인생의 목적에 대해 다양하게 설명할 수 있겠으나, 철학자 아리스토텔레스는 이렇게 말했다.

"인생의 목적은 행복에 있다."

직장 생활하기 힘들고 어렵다고 하지만, 그래도 참고 인내하면서 현직에 있을 때 자기 계발을 조금만 할 수 있다면 직장을 떠나도 직업을 계속 가질 수 있다. 평균 수명이 길어짐에 따라 한 가지만 잘한다고 되는 것이 아니다. 다양한 방면에 지식이 필요한 시대인 것이다. 인생은 행복해져야 하므로 너무 서두르지 말자. 하나씩 천천히 준비해도 늦지 않다.

한 번 더 이야기하면, 나이가 들면 기억력도 나빠지고 외우는 것도 쉽지 않지만 이해력은 젊은이보다 훨씬 좋음을 알 수 있다. 이해력이 빠르다는 것은 그만큼 다양한 경험이 바탕이 된다는 증거이다.

그래도, 직장

늙었다고 나이 먹었다고 한숨 쉴 것이 아니라, 누구보다 이해력이 좋아지는 시기를 접했다고 용기를 갖고 시작하자.

백세시대,
더 이상 무섭지 않다

고령화시대임에 틀림없다. 늙었지만 젊게 사는 노인들도 많다. 젊음을 유지하는 어르신을 전철에서 많이 본다. 규칙적으로 움직이고 운동하고, 먹거리 개선으로 젊음을 유지한다.

백세시대가 다가오고 있다. 퇴직 후 준비하면 늦다. 조직에 몸담고 있을 때 준비해야 된다. 건강을 잃으면 모든 것을 잃어버린 것이라고 한다. 당장 헬스장에 가 보자. 그런데 항상 업무에 너무 바빠 헬스장에 등록만 하고 일에 치여 헬스장에 못 가는 경우를 많이 본다. 등록하고 안 가면 누가 좋아할까? 아마도 헬스장 주인이 좋아할 거다. 그러니 등록비가 아깝다면 헬스장에 가서 샤워라도 하자.

그래도, 직장

또 여행도 떠나 보자. 달라이 라마는 말한다.

"일 년 중 한 번은 당신이 단 한 번도 가 보지 못한 곳에 가 보아라."

얼마나 멋진 말인가. 젊어서 해 보고 싶었던 일들이 있었다면, 지금 열정을 갖고 실천해 보자. 늦지 않았다. 하고 싶었던 것들을 이제 시작하면 된다. 길은 먼 곳에 있지 않다. 이제 평생교육을 시작하는 거다.

많은 사람들이 백세시대라고들 한다. 인간의 수명이 많이 길어졌다. 지금까지 한 직장만 34년 넘게 근무하고 있는데, 입사 후 많은 것들이 변하고 있다. 직원들의 부모가 과거에는 70세 이전에 돌아가신 경우가 많았으나, 지금은 직원들의 부모의 부고를 접하면 연세가 그보다 더 많은 경우가 대부분이다. 그만큼 의학의 발전으로 평균수명이 늘어났음을 알 수 있다.

그런데 오래 사는 것이 축복이 아닐 수도 있다. 수명이 길어졌으니 그에 따른 비용들도 많이 들어가는데, 직장을 오래 다니는 것이 점점 더 쉽지 않기 때문이다.

"미리미리 준비하지 않으면 안 된다."

이렇게 자신에게 스스로 이야기해야 한다. 조그마한 적금보다는 새마을금고에 비과세인 출자금을 해 보자. 행동하지 않는 한 아무 것도 일어나지 않는다. 내일부터 하면 된다며 미루는 습관을 버려야 한다. 내일은 빠르게 온다. 총알배송보다 더 빠르게 온다. 그러니 지 금부터 다시 시작하자. 생각했던 일, 마음먹었던 일이 있다면 행동으로 옮겨야 한다. 직장에서 버티는 것만이 능사가 아니다. 백세시대까지 앞으로 노후가 어떻게 될 것인가. 생각해 보면 아찔하다. 이제라도 철들어야겠다고 생각하자.

새로운 직업을 가지기 위해서는 본인만의 노하우가 있는 것에 투자해야 된다. 시작이 빠르면 빠를수록 좋다고 하지 않던가. 지금 시작해도 안 하는 것보다 좋다. 지금 당장 행동한다면, 백세시대도 무섭지 않다.

그래도, 직장

뒤늦게
대학원 공부를 한 이유

백세시대라고 한다. 오래 살아서 좋은가? 미래를 생각하면 답답할 때가 많다. 준비는 되어 있지 않은데 너무 오래 살기 때문이다. 세상이 변해 이렇게 오래 살 줄 누가 알았겠는가. 노년의 준비를 젊었을 때서부터 착실하게 해야 되는데 현실은 쉽지 않음을 솔직하게 고백한다.

나이가 들면 젊었을 때와는 체력에 큰 차이가 있다. 질병에도 더 취약하다. 건강보험관리공단에 따르면, 노년기에 많은 진료비가 발생한다고 통계로 말해 주고 있다. 국가가 노인 복지를 위해 더 윤택한 복지를 제공하려고 노력하지만, 그건 생활비가 아니라 용돈 수준으로 액수 또한 너무 적다. 이런 현실에서 노년을 준비하기란 결코 쉽지 않다. 왜냐하면 지금도 생활이 쉽지 않기 때문이다.

젊어서부터 현실을 직시하고 미래에 대해 생각하고 공직자가 되거나 대기업에 취직해서 높은 자리에 올라가는 등 소위 출세한 사람들은 그리 많지 않다. 소수일 뿐이다. 왜냐하면 많은 사람들이 하루하루 걱정이 훨씬 많았기 때문이다. 세상살이가 결코 녹록하지 않았다는 증거다.

좋은 학교 나와, 좋은 직장에서 출세한 사람들은 노년이 되어도 좋은 일자리가 보장된다는 것을 우리는 알고 있다. 그들은 그 분야의 전문가이기 때문이다. 저자는 젊어서 그들처럼 하지 못했기 때문에 정년퇴직까지 다니는 것도 쉽지 않음을 느끼지만, 그럼에도 불구하고 나이 들어 전문가가 되려고 힘든 여건 속에서도 주말을 이용하여 부단히 노력했음을 고백한다. 새벽부터 밤늦게까지 대학원에서 공부해 박사 학위를 취득한 것이다.

생각해 보면, 고객센터로 발령받아 하루도 편하게 일한 날이 없었음을 고백한다. 매일매일 전쟁하는 기분으로 업무를 처리하고 있음을 느낀다. 그럼에도 불구하고 참고 인내하고, 모든 일이 잘될 거라 긍정적인 사고를 갖고 임했다.

제일 좋은 준비는 현재 하고 있는 업무에 가짜 전문가가 아닌 진짜 전문가가 되도록 하는 것이다. 그다음에는 잠시 어린 시절로 돌아가 보자. 좋아했던 것이 무엇이고 하고 싶었던 것이 무엇인지, 즉 꿈이 무엇이었던가 하늘을 쳐다보고, 곰곰이 생각해 보자. 그리고 생각나면 하고 싶었던 것을 바로 노트에 적어 보는 것이다. 그리고 노트에 적은 것을 이루기 위해 천천히 지금부터 실천해 보자.

'조직을 떠난 후에 시간이 많으면 그때 해야지.'

이렇게 생각하면 때는 이미 너무 늦다. 조직에 몸담고 있을 때 실천해야 늦지 않는다.

이제부터
변하기로 작정했다

급속한 고령화가 이루어지고 있다. 고령화가 더 이상 남의 이야기가 아니다. 우리의 현실이다. 2018년 초에 80대 이상 노인만 164만 명이 넘었다. 이는 강원도 인구가 155만 명임을 고려했을 때, 80대 인구만으로도 강원도 전체 인구보다 많음을 알 수 있다.

기업에서 정년퇴직까지 다닐 수 있다고 감안해도 20년 동안 무얼 할까. 아니, 백세시대라면 40년을 무엇을 하고 지내야 할까? 중산층인 사람들도 노후 준비 부족으로 은퇴 후 빈곤층이 될 가능성이 매우 높다. 생명은 연장되고 있는데 퇴직 후 양질의 일자리는 별로 없다. 한국인은 실질적으로 OECD 중 은퇴도 가장 늦다고 한다. 은퇴

하지 않았더라면 현재 몸담고 있는 직장에서 성과를 내면서 최선을 다해야 한다.

1997년엔 대한민국 사람들에게 힘든 시기가 있었다. IMF 사태로 평생직장 개념은 없어지고 많은 사람들이 명예퇴직, 권고사직 등 조직 밖으로 밀려났다. 2008년은 글로벌 금융 위기가 발생해 세상은 한 경제의 울타리임을 뼈저리게 느꼈다. 정년도 못 채우고 사오십 대에 퇴직하는 경우 또한 남의 일 같지 않았다.

평생직장에서 일한다는 개념 자체가 없어졌다. 오직 실력만이 중요한 세상이지만, 그것 또한 쉽지 않다. 기업이 어려워지면 절약하라고 하며 경비를 줄인다. 마른 수건도 더 짜야 한다고 말한다. 그렇게 경비를 줄인 다음에는 제일 쉬운 인건비를 줄이기 위해 인원 감축에 손을 댄다. 가장 좋지 못한 경비 절감 방법이다. 그런 방법이 동원되더라도 살아남아야 된다. 치사하고 아니꼽더라도 중요한 것은 조직에서 살아남는 것이다.

"힘내자, 반드시 좋아질 거다. 괜찮다. 이제 난 시작인데, 변화하기로 작정했다."

변화를 이끄는 힘은 긍정적인 생각이다. 변화가 필요하다고 느끼지만 현실은 쉽지 않다. 매일매일 정신없이 돌아가는 업무로 인하여, 변화가 절실한데 그저 생각만 뿐 걱정이 태산이다. 걱정보다는 긍정의 힘을 믿고, 자기 계발을 통해서 변화를 도모해 보자.

정확한 정년퇴직 날짜가 있으니 직장인으로서 멋지게 그때 졸업하자. 그때 졸업하기 위해서는 반드시 변화가 필요하다. 변화해야 영광의 졸업도 가능하다.

그래도, 직장

미래의
자신을 위한 투자

기다리지 말고 뛰어 나가야 한다. 왜 미루고 있는가? 농부가 봄철에 씨를 뿌리지 않으면 아무것도 거둘 수 없지 않은가. 시간은 절대로 기다려 주지 않는다. 이불 속에 조금만 누워 있다가 해야겠다며 미루는 것도 습관이다. 습관이 되면 무섭다. 무엇이든지 미루면 앞으로 나아갈 수 없다. 일이 아무리 힘들고 지쳐도 조금씩 앞으로 달려가야 한다.

그런데 노력했음에도 불구하고 뜻대로 되지 않는 경우가 많다. 조직에서 살아남기 위해서는 계속 승승장구해야 되지만, 그 또한 오래가지 못한다. 오래갈 것이라고 믿으면 환상에 불과하다. 누구든 떠나게 마련이다.

직장에서 근무하다 보면 기로에 설 때가 있다. 특별히 이정표 같은 것이 별도로 없다. 게다가 그 기로에서 누구나 최상의 선택만 할 수 있는 것은 아니다. 조금 일찍, 조금 더 빨리 자신을 알고 행동하고 실천했더라면 시행착오도 줄일 수 있을 것이라 생각해 보지만, 그렇다고 과거로 다시 돌아갈 수도 없을뿐더러 다시 그 옛날로 돌아가고 싶지도 않다.

지금 늦었다고 할 때가 가장 빠르다고 하지 않던가. 빨리 대책을 세우면 된다. 입사 후 지금까지 근무하는 것도 쉽지 않았지만, 이제는 변해야 한다. 위기를 뚫고 앞으로 나아가는 저력은 누구에게나 있다.

오늘, 지금 당장 친절의 중요함을 알고 직원들에게 관심을 갖자. 그리고 동료들에게 희망을 주자. 버텨야 한다고 하지만 사실은 변해야 한다고 말이다. 죽기 살기 정신으로 노력하고 앞으로 한 걸음 한 걸음 전진해 나가는 것이 중요하다. 나이 먹는 게 자랑일 수 없지만, 그렇다고 창피한 것도 아니다.

살다 보면 자신보다 동료, 친구 등을 위해 돈을 쓰는 경우가 종종 있다. 때로는 필요 이상으로 큰돈도 쓴다. 자존심 때문일 수도 있다. 힘들게 번 돈, 월급 받는 날 월급의 일부를 떼어 스스로에게 투자해 보는 건 어떨까? 그렇게 실천하면 미래가 밝아질 것이다.

돈을 벌어 가족을 위해 써야 됨은 물론이지만, 자신을 위해 일부를 쓴다면 미래도 있고 희망도 있는 것이다. 그 돈으로 자기 계발의 밑천으로 삼아 새로운 것을 얻을 수도 있다. 본인이 힘들게 번 돈을 헛되이 사용하기란 쉽지 않다.

일에 목숨까지 걸 필요는 없다. 성공하려고 심한 아부와 충성도 필요 없다. 자신과 가족을 위해 살아갈 수 있을 정도로 일하고, 시간을 만들어 자기 계발에 매진해야 백세시대에 당당하게 살 수 있는 것이다. 더 이상 가난하게 노후를 걱정하지 않게 살기 위해서는 젊었을 때 자기 계발해야 된다.

느릿느릿 천천히 가면 된다. 빨리 가는 삶이 아니다. 무언가 해 보자. 가족과 함께 여행도 떠나 보고, 그런 것들을 기록으로 정리해 두자. 여유로운 삶을 생각하자.

자기 계발은 거창한 것이 아니다. 헬스장 등록하고 운동하는 것, 체력을 키우는 것 또한 경쟁력이다. 배가 많이 나온 것보다 적당량의 근육 몸매가 좋지 않은가.

그리고 좋아하는 것에 다시 한 번 관심을 갖고, 자신의 꿈을 곰곰이 생각해 보자. 내가 원하는 것을 지금 배우고 실천해 보자. 그리고 과감하게 투자하자. 세상엔 공짜로 이루어지는 것은 없다. 정확히 말하면, 자신을 위해 투자하면 미래에 대한 불안감이 없다.

일에 만족감도 생기고 진급을 못해도 급여 또한 높지 않아도, 자기 계발이 전제된다면 편안한 마음으로 정년퇴직을 맞이할 수 있다. 그 후 직장을 떠나도 직업을 가질 수 있기 때문이다. 지금 시작하자. 자신을 위해 써라. 그것이 미래를 위해 투자하는 길이다.

정답은
밖에 있다

퇴직은 피할 수 없는 미래다. 직장에서 정년퇴직만 할 수 있다면 그것 또한 영광인데, 현실은 쉽지 않다는 것에 공감할 것이다. 머지 않아 또는 갑자기 퇴직을 강요당할지 모른다. 지금부터 조직 밖으로 나간다고 생각하고 준비하자. 직장은 유한하지만 직업은 무한하다고 했다. 직업을 가져야 삶을 유지할 수 있고, 규칙적인 생활로 건강도 유지할 수 있는 것이다.

나이 들어 조직에서 심하게 깨지면 받아들이기 너무 힘들다. 예의 도 안 지키고 거만한 자세로 강압적으로 명령을 받을 때는 더욱 그 럴 것이다. 이제 와서 왜 이런 대우를 받아야 하나, 자각하지 말자.

참아 보고 반성도 해 보자. 그리고 생각해 보자. 사람 중심, 그것을 이해하면 조금은 위안이 된다.

그리고 현장의 소리를 놓치면 미래가 없다. 미래에 필요한 인재가 되어야 하지 않는가. 없어지는 것에 대한 아쉬움은 뒤로하자. 조금씩 양보하면 모두가 이기는 세상이 될 텐데, 혼자서 모든 것을 안다고 자만하면 소통과 신뢰는 멀어지게 마련이다. 항상 기본이 중요하다. 기본이 바로 설 때, 비로소 사람도 기업도 행복을 느낄 수 있다.

힘든 고비는 많다. 한 번에 몰려오기도 하고, 서서히 오기도 한다. 고비가 올 때까지 저항할 것인가, 순응할 것인가. 힘들 때 욱하지 말고 바람 부는 겨울 강변, 또는 동네에 뒷산을 올라가 보자. 때로는 혼자서 커피숍에 앉아 멍 때리면서 창밖에 걸어 다니는 사람을 보자. 가끔은 망상도 해 보자. 상상해 보는 것 얼마나 기쁜가. 천천히 가는 것이 힐링하는 것이고 이기는 것이다.

'이 또한 지나가리라.'

사람은 누구나 자기 치유력이 있다. 세월이 약인 것이다. 무작정 집에 박혀 있지 말고 집 밖으로 나가 보자. 공원도 가 보고, 최대한 몸을 움직여 보자. 아무 생각 없이 멍 때리면서 걷다 보면 힘든 생각들도 사라진다.

회사가 인생의 전부는 아니다. 밖에 있는 모임에도 가 보고, 동호인 모임에도 참석해 보자. 각종 외부 모임도 적극적으로 참여해 보자. 회사 밖의 사람들이 주는 즐거움을 얻어 보자. 매일 나누는 회사 업무, 동료 이야기 등도 물론 중요한 것임에 틀림없지만 조직을 떠나면 그들과의 만남은 쉽지 않다. 왜냐하면 공감대가 사라졌기 때문이다.

내가 좋아하는 취미 동호회도 알아보고, 업무에 필요한 외부 관계자도 정기적으로 만날 수 있는 곳을 알아보자. 일벌레가 살아남는 것이 아니라, 정보가 중요한 세상이다. 죽어라 일만 하는 것보다 중요한 일을 하고 여유를 찾으면서 데이터 관리를 하는 것, 바로 빅데이터의 의미를 이해하면서 한 걸음 더 생각해 보는 힘을 기르자.

정답은 밖에 있다. 다양한 사람을 만나라. 자연스럽게 준비할 수 있다. 준비하는 자에게 미래도 있는 것이다.

스스로 전문성을
확보하는 방법

중년층은 어떻게 조직 생활에서 살아남을 것인가. 살아 있는 한 희망은 있다. 나를 믿고 투자해야 한다. 잘될 것이라는 믿음을 가져야 한다. 좋은 이미지만 생각하고 긍정적인 사고만 가져 보자. 부정적인 생각은 사람을 추하게 만든다. 중년층이 되면 더 이상 승진을 못한다고 회사의 시스템을 원망해서는 안 된다. 젊은 후배에게 기회를 준다고 생각하고 쿨하게 긍정적으로 생각하자.

입사하여 중년이 될 때까지 어떤 업무를 했는지, 그리고 지금은 무슨 일을 하고 있는지 냉정하게 종이에 적어 보자. 입사 후 삶이 계속 우울하거나 암울한 것만은 아닐 것이다. 내가 잘 못했던 업무, 가장 잘한 일 등을 구체적으로 적어 보자. 살아남기 위해 냉정한 현실에서 내가 취했던 일은 무엇이었을까. 지금 하고 있는 업무는 잘되고 있는가. 바라는 것을 종이에 냉철하게 적어 보자. 그리고 앞으로 잘 될 거라고 중얼거려 보자.

인간은 나이를 먹을수록 변화를 싫어한다. 왜냐하면 익숙한 것에 길들여졌을 테니 말이다. 그러나 세상은 빠르게 변화한다. 과거에는 직장에 들어가면 아무 생각 없이 업무에 최선을 다하면 정년을 맞이하고 멋지게 졸업했다. 그런 직장 문화가 있었다. 그러나 현실은 어떤가. 본인의 능력을 발휘하지 못하면 언제 불이익이 올지 알 길이 없다.

'직장이 힘드니 밖에 나가 창업하면 되지. 장사나 하련다.'

이렇게 생각한다면 그것은 오산이다. 준비 없는 창업은 나락으로 떨어지는 지름길이다. 또한 조직 밖은 너무나 살벌하고 춥다. 코로나19가 없었더라도 말이다. 중년이 넘으면 밖은 더 춥다.

입사 후 지금까지 열심히 일했지만 변화하지 못했다면, 변해야 되고 혁신해야 된다. 성공한 사람의 행동을 따라 해 보고, 독서도 꾸준히 하자. 그리고 조직 밖의 사람도 꾸준히 만나 보자. 매일 만나는 회사 사람도 중요하지만 밖에서 만난 사람과 유대관계를 강화하는 것도 중요하다. 현재 하고 있는 업무와 관련된 사람들을 만나야 물어볼 것 많고, 좋은 것은 벤치마킹할 수도 있다. 또 지속적으로 유대관계를 유지하자.

외부인을 만나는 방법을 생각해 보자. 첫째, 외부 전문 교육 기관에서 최소한 연 1회 이상 교육을 받자. 동일한 업무에 종사하는 다양한 사람을 만날 수 있다. 둘째, 관련 학회에 등록하여 시대의 변화를 누구보다 빨리 익히자. 셋째, 전문기관에 가입하여 세미나 등에 참석하여 안목을 높이자. 넷째, 졸업하기 위해서는 다양한 네트워크도 중요하다.

이런 일들을 조직 안에 있을 때 행동한다면 전문가에 한 걸음 다가설 수 있다. 코로나19 때문에 비대면으로 인적 교류가 쉽지 않다고 한다. 그럼에도 불구하고 줌(Zoom)을 이용한 학습 방법 등 다양한 사례를 찾아야 한다. 그래야 풍부한 경험이 생긴다. 그것이 나에게 힘이 되는 것이다.

"버려라, 더러워도 참아라."

졸업하지 못하고 먼저 떠난 선배들은 이렇게 말한다. 그러면서 회

202 　　　　　　　　　　　　　　　　　　　　그래도, 직장

사를 나오는 순간 생각하지 못한 세상이 있다고, 지금 밖은 장난이 아니라고 덧붙인다. 겁주는 것이 아니다. 그만큼 현실이 냉혹하다는 것이다.

스스로 전문성을 확보하자. 회사는 더 이상 졸업을 보장하지 않는다. 지금 당장 전문가답게 일하고, 외부 활동도 업무와 연관하여 조금씩 영역을 확대해 가라. 하나씩 하나씩 준비해 보자. 그리고 진행 사항을 체크해 보자. 직장에서 잘 준비하고 실천하고 동료들에게 도움을 줘서 전문가가 되어 졸업하자. 그리고 그것을 기반으로 직업을 갖자.

당장의 수당보다는
미래의 커리어

'늦는 것을 두려워하지 마라. 멈추는 것을 두려워해야 한다.'

중국 속담이다. 무엇이든 꾸준히 하면 반드시 성과를 이룰 수 있다. 이왕이면 월급쟁이는 자신의 업무와 관련하여 학습하고 전문가로 거듭날 수 있도록 하는 것이 좋을 것이다. 그렇게 자기 계발을 통해서 전문성을 높여 당당하게 회사 생활을 할 수 있는 밑바탕이 될수 있다. 승진에 도움이 될지는 몰라도 이직에도 반드시 도움이 될 것이다.

직장을 다니면서 공부하는 것이 쉬운 일은 아니다. 그럼에도 불구

그래도, 직장

하고 자신이 맡은 분야에서는 전문가가 되어야 한다. 한 분야에서 오랫동안 근무했다고 전문가가 되는 것은 아니다. 꾸준히 관련 분야의 이론과 실무에 능해야 되고, 그 분야에 종사하는 타 기업 사람들과의 인맥 관리도 매우 중요하다.

몸담고 있는 조직 밖의 사람들을 만나 보고, 다른 곳에서는 어떻게 업무 처리를 하는지도 알아보고, 좋은 것을 찾아내어 접목시켜 보고, 발전할 수 있는 긍정적인 힘들이 필요하다. 이런 것들을 실천함으로써 기업에서 필요한 인재가 되는 것이다. 전문 분야를 얼마나 알고 있는지도 중요하지만, 누구를 알고 있는가도 매우 중요하다. 인맥을 무시할 수 없는 것이다.

"전문가입니까?"

누군가 당신에게 이렇게 물어본다면 스스로 말하기는 쉽지 않을 것이다. 직장을 다니면서 전문가임을 인정받는 기술사, 노무사, 회계사, 변호사, 박사 학위 등을 취득하기란 쉽지 않지만 꾸준히 관심 분야에 열정을 가지고 노력하면 반드시 전문가가 될 수 있을 것이다. 그런 전문가가 되면 수당도 지급받고 좋지 않은가.

필자가 본사에서 근무할 때 맡고 있는 업무와 관련하여 박사 학위를 취득했다. 공장에서 박사 학위가 있는 근무자가 수당을 받고 있어 수당 신청을 하니, 본사 근무자가 처음 박사 취득한 거라 박사 수당을 지급할 수 없다고 한다.

그렇다고 좌절할 필요는 없다. 박사 학위 취득의 목적이 월 30만 원은 아니지 않은가. 공부하기 어렵고 힘들었지만 격려해 주는 임원들이 있었고, 박사 학위 취득으로 많은 변화가 있었다. 대학에서 강의도 하고, 학회, 언론사, 다양한 단체 등에서 강의도 할 수 있었을 뿐 아니라 그들이 전문가 대접을 해 주는 것이 고맙고 감사했다. 당시엔 수당이 아까워서 지급하지 않는 속 좁은 조직이라고 생각했지만, 지금은 그렇게 생각하지 않는다. 대학에서 강의할 수 있도록 배려해 주고 외부 강연도 허락해 준다는 점에서, 더 깊은 생각을 하는 조직임을 안다.

인재 양성이 중요하다. 인재가 기업의 성패를 좌우할 수 있기 때문이다. 즉, 전문가가 많은 기업 집단은 강하다. 업무와 관련된 자격을 취득한 전문가에게 수당과 예우는 못해 줘도 대우는 해 줘야 한다. 보직자에게만 주차를 제공하는 기업이라면 자격이 있는 전문가에게도 주차를 제공해 줘 자긍심이 생길 수 있게 해 주는 것도 하나의 방안이다. 그래야 조직원들도 전문가가 되려고 할 것 아닌가. 강한 기업은 전문가 집단이다. 동기 부여가 중요하다.

어려운 시대다. 많이 힘들고 우울한 시대임에 분명하다. 사람들 만나기도 쉽지 않다. 코로나19가 많은 것을 변화시키고 있다. 경험하지 못한 재택근무, 사무실에서의 마스크 착용, 사내 식당을 이용하지 못하고 지금도 책상에 앉아서 점심 도시락을 먹었다. 한 직장에서만 34년을 넘게 근무했는데 이런 일은 생각도 못해 봤다.

비대면 시대에 기업들은 어렵다고 아우성이다. 비용을 줄이고, 오랫동안 동고동락한 직원들에게도 기업의 위기를 내세워 명예퇴직을 권고하고 있다. 기업이 어려우면 사소한 일도 대화하고, 타협하고, 의논하는 것이 중요하다. 이것이 바로 협상이다. 협상이란 주고받는 것이다. 말이 좋아 명예퇴직이지, 사실은 권고사직이다.

생각은 사람마다 다르다. 하지만 인생을 되돌아갈 수 없다. 이번 생은 망했다라고 한탄만 할 것이 아니라, 뭐든지 해 보자. 자기 자신을 사랑하고, 무엇이든 할 수 있다는 확신을 갖자. 조직을 바꾸고 싶다면 나부터 바뀌어야 한다. 스스로 변하지 않으면서 혁신만 이야기하는 사람이 돼서는 안 된다. 살아남기 위해서 변화하는 것이다. 생존보다 중요한 것은 없다.

다른 사람의 의견에 귀를 닫는다는 것은 위험하다. 높은 데 올라가면 본인이 최고라고, 많이 안다고 하는 것은 오만이다. 기업이 어려울수록 서로 예의를 지켜야 한다. 다른 의견이라고 함부로 말하거나 내치는 행동은 버려야 한다.

직장에서 끝까지 버텨야겠다는 생각은 이제 버려야 한다. 평생직장은 없다. 조직에 있을 때 인생 이모작을 준비해야 한다. 시작하지 않으면 어떤 일도 일어나지 않는다. 아니다, 일어난다. 권고사직당할지도 모른다. 고달픈 하루, 되는 일이 없는데도 끝까지 살아남아야 한다.

한 번뿐인 인생, 유한한 직장보다는 무한한 직업을 갖는 것이 중요하고 필요하다. 그러기 위해서는 자기 계발이 핵심이다. 그래야 당당해질 수 있다. 왜냐하면 전문가니까 말이다. 지금 당장 스스로 잘하는 것부터 시작해 보자.

참고문헌

- 이나가키 에미코(2017), 『퇴사하겠습니다』, 엘리
- 김형석(2019), 『100세 철학자의 인생, 희망 이야기』, 열림원
- 톰 윌리엄스(2005), 『고객불평처리 핸드북』, 시그마프레스
- 괴츠W. 베르너(2019), 『철학이 있는 기업』, 오씨이오
- 정동일(2015), 『사람을 남겨라』, 북스톤
- 홍순성(2017), 『나는 1인 기업가다』, 세종서적
- 리드 헤어스팅스, 에린 마이어(2020), 『규칙없음』, 알에이치코리아
- 김형석(2016), 『백년을 살아보니』, 알피스페이스
- 이지마야 간지(2017), 『일 따위를 삶의 보람으로 삼지 마라』, 북 라이프
- 앨리 러셀 혹실드(2011), 『감정노동』, 이매진
- 이나모리 가즈오(2017), 『왜 일하는가』, 서돌
- 요아힘 비우어(2015), 『왜 우리는 행복을 일에서 찾고, 일을 하며 병들어 갈까』, 책세상
- 최윤식(2020), 『미래학자의 일자리 통찰』, 김영사
- 이마모리 가즈오(2020), 『사장의 그릇』, 한국경제신문

- 조영태(2018), 『정해진 미래 시장의 기회』, 북스톤
- 다니엘골먼 외(2015), 『조직의 성과를 이끌어 내는 리더십』, 매일경제신문사
- 김진형(2020), 『AI 최강의 수업』, 매일경제신문사
- 피터 드러커 외(2015), 『개인의 능력을 극대화하는 자기경영』, 매일경제신문사
- 한병철(2012), 『피로사회』, 문학과 지성사

그래도, 직장